This Book Offers Free Bonus Puzzles

Available Here:

BestActivityBooks.com/WSBONUS20

5 TIPS TO START!

1) HOW TO SOLVE

The Puzzles are in a Classic Format:

- Words are hidden without breaks (no spaces, dashes, ...)
- Orientation: Forward & Backward, Up & Down or
  in Diagonal (can be in both directions)
- Words can overlap or cross each other

2) LEVEL UP THE GAME!

A space is provided next to each word to write new ones, translations or notes. We also offer a convenient **NOTEBOOK** at the end of this edition. It can help you organize your annotations, new words and/or observations.

3) TAG YOUR WORDS

Have you tried using a tag system? For example, you could mark the words which have been difficult to find with a cross, the ones you loved with a star, new words with a triangle, rare words with a diamond and so on...

4) EASY TO CUT!

The Puzzles come with an Extra Large margin to easily cut the page out of the book. Some people may feel it more convenient to solve them this way.

5) FINISHED?

Go to the bonus section: **MONSTER CHALLENGE** to find a free game offered at the end of this edition!

Want **more fun** and activities to **relax? It's Fast and Simple!** An entire Game Book Collection **just one click away!**

Find your next challenge at:

BestActivityBooks.com/MyNextWordSearch

Ready, Set... Go!

Did you know there are around 7,000 different languages in the world? Words are precious.

We love languages and have been working hard to make the highest quality books for you. Our ingredients?

One part easy-to-read print, three parts entertainment, then we add some challenging words and a pinch of rare ones. We brew them with care to serve you lots of fun and an opportunity to solve the best puzzles.

Your feedback is essential. You can be an active participant in the success of this book by leaving us a review. Tell us what you liked most in this edition!

Here is a short link which will take you to your Amazon orders review page.

BestBooksActivity.com/Review50

Thanks for your fidelity and enjoy the Game!

Puzzle 1

```
С О И Р Н И Д О Ф Ц Н Р П Н К
В Т А У Ш А Л И Е Р Е Ч Е В Л
Ы Н Д Е Е К П А А С И М Р Т Ю
Т У А С Р Ш Й О В О Т С И Л Ч
А С И Р С А О З М Н У С М С Е
Щ З К Т Т Б К А И И В Т Е М С
И У Н Е И У А Р М Ш Н Т Т У О
Л Е И А Л Р Т А А У Д А Р И Г
И Е Л Р Т Е С Б С Р С Г Е У У
М Е И И О Ь Т О Ц Г О Ц И Т Р
С Л У Ж И Т Ь Т Я Н О П Н И Е
П Р О Ц Е С С А Б М Т М Е Щ Ц
П Н Е И А Р Е Т Т Ц У Н П А С
О М У И Н М Е Ь Л Л Е С И З М
```

ВЫТАЩИЛИ	ПРОЦЕСС
ЗАЩИТУ	ПЕРИМЕТР
ПОНЯТЬ	СКЕЛЕТ
НАПОМИНАЕТ	ЗНАТЬ
ЗАРАБОТАТЬ	ШЕРСТИ
РУБАШКА	ПЕНИЕ
КЛЮЧ	ГРУШИ
ОГУРЕЦ	ОДИН
ЛИСТОВОЙ	ВЕЧЕР
СЛУЖИТЬ	ТАКОЙ

Puzzle 2

```
М Ф И Е Л Э Н Е Р Г И И Ф П В
Й Ы Н Д О Б О В С И Ч Е М О О
Р Н Р Е Ш Т Р М А У Т Ю Т Л С
У Т Ь Т А Н З И Р П И И У И Т
С И Е Р Д Ж Е Л Т Ы Й Ц М Ц О
П У Е Г Ь Ф Е С У Е З А Е Е К
Г Р Т Ф Й О К Б У Г А Р Н Й Л
Ф И И Е О Н Р П Ф А Б Т Ь С О
Н А Б Н П Т С Ы И Т Ы С Ш К Я
С Ж У К Ц А М Т Ч И Т Ю Е И Л
С И Н И О Н Ф Н Е А Ь Л Н Е Ь
П В Т О И Й В Н И О Н Л И У Н
А А В Ы Х О Д Н Ы Е Р И Е П Ы
Е Я Л У И А Т А К У М Е Я О Т
```

ЖИВАЯ	ГИБКОЙ
АТАКУ	ЧЕМ
ИЛЛЮСТРАЦИЮ	ПРИЗНАТЬ
ЭНЕРГИИ	ГУБКОЙ
СВОБОДНЫЙ	ЛОЯЛЬНЫ
РЫЧАНИЯ	ВЫХОДНЫЕ
ВОСТОК	ЗАБЫТЬ
ПОЛИЦЕЙСКИЕ	УМЕНЬШЕНИЕ
ПРИНЦ	ЛОШАДЬ
ЖЕЛТЫЙ	ФОНТАН

Puzzle 3

О	З	Е	Л	Е	Н	Ы	Й	Ц	Е	С	Е	Т	Р	Р
А	Б	О	С	Т	О	Р	О	Ж	Н	О	Е	А	О	Р
В	Е	Ы	Н	Ь	Л	А	Р	Т	А	Е	Т	О	З	Р
Ы	Р	У	Ч	Б	Е	Л	К	А	Е	Б	Л	Ш	О	И
С	Н	Е	Е	Н	М	Р	Т	П	В	Л	Р	П	В	Н
О	Е	Л	Н	Е	О	З	А	П	И	С	Ь	И	Ы	П
К	Р	Ы	Б	А	К	О	Т	О	Р	А	Я	Н	Й	П
И	Т	И	Р	А	Г	Я	А	Н	Н	Е	Л	А	Д	У
М	У	И	М	А	Е	С	Л	М	Т	Р	А	Т	С	Р
Е	С	М	Е	Е	И	Ц	Я	И	М	С	П	Р	Е	Г
Я	Р	О	В	П	О	Е	Н	С	М	С	О	У	Б	М
У	М	Н	Л	А	Е	Т	О	Ч	Л	Е	Н	О	В	М
Л	М	Т	О	И	О	Т	П	Т	П	Р	Е	Н	С	Л
У	Р	М	С	Л	У	Ш	А	Т	Ь	П	Т	М	Ф	У

ПОНЯЛА ПРЕСС
ШПИНАТ ЗАПИСЬ
МИЛЯ ЛЕТО
РЫБА ТЕАТРАЛЬНЫЕ
СЛУШАТЬ БЕЛКА
ОСТОРОЖНОЕ УДАЛЕННАЯ
СТАРТ ОБЫЧНО
РОЗОВЫЙ ЗЕЛЕНЫЙ
ЧЛЕНОВ ВЫСОКИМ
КОТОРАЯ ГРУПП

Puzzle 4

```
И Ы И Л А И Р Е Т А М М Й У Н
Л Р Д В А Ж Д Ы К Е А У И У И
М О Н Ч У К С У Р И Р П К О П
К В И Н Е Р Н Ж А Н Д Я С С О
У О Т Т Р О Г А С Е Е А Е Л Р
Т Г Т Е Е Р Р С И Л Л Щ Ч Т Ц
Р Е К И О Н А Н В В А Б И П И
А Р Т А Р С П О Ы А Е О Р О Я
Ф Е О П К О С Й Й Д Т У Т Д Т
Д П Е Р Т А В К И С Т Ь К Н Е
Л А О Р У Н О К Е У М О Е Я Р
К О Р О Н Н О Й И С С В Л Т Е
З А П У Т А Н Н О Г О У Э Ь М
В О С С Т А Н О В Л Е Н И Е П
```

ВОССТАНОВЛЕНИЕ	ДАВЛЕНИЕ
ФАРТУК	КОТИРОВКИ
СКУЧНО	ДЕЛАЕТ
ПЕРЕГОВОРЫ	КРАСИВЫЙ
ОБЩАЯ	МАТЕРИАЛ
КАКАО	ДВАЖДЫ
ЗАПУТАННОГО	ПОРЦИЯ
УЖАСНОЙ	КОРОННОЙ
ПОДНЯТЬ	КИСТЬ
ЭЛЕКТРИЧЕСКИЙ	ТЕРЯЕТ

Puzzle 5

```
Р К А Т Е Г О Р И Я О П Р Д Б
Б А Л У Н Х Я Р Т С В О И О Е
М Т З П П Т П П В Л П Ч С Ж Г
И Р И Л Й Е С Т С Л Й Е К Д У
Т О Ц П И Н А Т Е Л Ы М И Л Щ
Ц П И Т Ш Ч Я И Ц К Н У Ф И И
У И П Р Р Е И М Е Д Ч А С В Й
С Ч И Т А М С Е Н Р И И Ы С
Т Е Е И Т Е А Р О П Т Е У Й К
А С Е У С Р Ц К К А Н Ш О К А
Л К Н Е Б Е С А А У Е Т Н И Ч
Ы О Р Т Е В С П Н К Д Т Н А К
М Й И Ю Ь В Р Е Т Н И И И Р И
А Л Е М Е Н Г Ф Т И О Ц У Е Т
```

НАКОНЕЦ	ДОЖДЛИВЫЙ
УСТАЛЫМ	РАЗЛИЧИЕ
КРЕМ	КАТЕГОРИЯ
ПАУК	СКАЧКИ
ВСТРЯХНУЛА	ФУНКЦИЯ
НЕБЕСА	БЕГУЩИЙ
ИНТЕРВЬЮ	ТРОПИЧЕСКОЙ
СТАРШИЙ	ИДЕНТИЧНЫЙ
ЧАС	ПОЧЕМУ
ШОК	РИСК

Puzzle 6

```
С Е Л А У И Е И Ф Ш Н С П Г В
П Й О Н Т А Р Б О Е И А Р Р И
В Л Н У Т С Ф И Я С Н П И Я Л
М Ы А М У Н У Т И Т Н Е Н З К
Р Р Б Т С П А П Ц Ы А Ь Я Н А
Л Р Т О Ь Т О Д А М Б Т Ы О
И Е В П Р Я Е У Р К Л С Ь Й Е
А К Н Е Т О К М Г Р Ю О М М М
И Л П Ф М С В А И А Д К И В И
У Г О С М У П Ю М П Е Г Ь П Н
И Р И Н С У Т Щ У О Н Е М М Л
У Е О В О Р В А Л О И Л Е А Р
М А С К И М С Я Н З Я А С Р С
И С П О Л Н И Т Е Л Ь Н Ы М И
```

ГРЯЗНЫЙ
МИГРАЦИЯ
ИСПОЛНИТЕЛЬНЫМ
ЛЕГКОСТЬ
КАПУСТА
КИВИ
ПРИНЯТЬ
ВЫБОРОВ
НАБЛЮДЕНИЯ
ОБРАТНОЙ

СЕЛА
ШЕСТЫМ
КОТЕНКА
МАСКИ
ПЛАТЬЯ
ЗООПАРК
СЕМЬИ
ВИЛКА
ДУМАЮЩАЯ
ЛАВРОВОЕ

Puzzle 7

```
Л Л И И Г Е У В А Д В Р С Ц З
О И А И У Т Л Е Р О Н Е Е Н Е
В О Ч С П А А О А Л Ц Д Щ Л М
С Ф Н У Ф Р Ч Д М Ж К Г Т И Л
Л Е У Т А М И Л К Н Р Р У Н И
Е С У Л З Н Р И Ы А А В М С И
Т Е О Й А Р К О З А С Ф С О Н
Н У У Л Н Е Е А Я Т И А Е О Ц
Б О Л Т А Т Ь С Я Т В Е Ц Н И
П Л О Х О К В З Я Л А Т Я Г Д
Ж И В О Т А Р Ц Ь Т Я В Е Д Е
Е Т И А К А М Е Р А П А Т У Н
И Н У Т У Т А Е З Е П Е Р В Т
С Р М Э К С Т Р Е Н Н О Г О Ф
```

ЖИВОТ	НАУЧИЛ
ДЕВЯТЬ	КРАСИВАЯ
КЛИМАТ	ВЕЩИ
ЗЕМЛИ	ЭКСТРЕННОГО
ИНЦИДЕНТ	КРИЧАЛ
ГДЕ	ВЗЯЛ
КРАЙ	ПЛОХО
БОЛТАТЬСЯ	ДОЛЖНА
КАМЕРА	ЯЗЫК
ЗЕРКАЛО	ФАЗАН

Puzzle 8

```
О П П Е И М Г П И Б И И У П Е
В О Л Е А И Н О Г Р У Ф П С И
И П А И К Т Е Л Б А Т И Ф П Ю
С П У С К И В Е М А М Ы У И Ж
А Р А О Д О Н В Р И Д И Т С Н
Р О Б Ы В М Ы К Е В Р Е С О Ы
К М У О О Ц Й А Е И И Г С К Й
Б Е С С М Ы С Л Е Н Н Ы Й Е Н
Ь Т С О Н Ж О М З О В И У О Б
О И О Т Н Х О Л О Д Н А Я Е И
В Т С Т А З П О Д О Б Н Ы Х М
М Р С Р Т Е И С Е Д Ь М О Г О
Н Е Б О Л Ь Ш О Й М И Е М Т У
М А Р С М Е П Р А В И Т Е Л Ь
```

МАМЫ	ТАБЛЕТКИ
СЕДЬМОГО	ВОЗМОЖНОСТЬ
ПРАВИТЕЛЬ	ЮЖНЫЙ
ИЗНОС	СПУСК
СПИСОК	БЕССМЫСЛЕННЫЙ
НЕБОЛЬШОЙ	ПОДОБНЫХ
БЕСЕДА	ПОЛЕВКА
ВЫБОР	ГНЕВНЫЙ
ФУРГОН	КРАСИВО
ФУТ	ХОЛОДНАЯ

Puzzle 9

```
М С У Е Е Д П Р О Ц Е Д У Р Ы
П Е К И И Е В О Н А Т Ш А К Я
Р Ф Н Н И Ь Л И Б О М О Т В А
О О И Ь И Е Ы Н Ж А Л В Л К Р
Д К Щ П Ш С Н М Э Е У Т Т О Т
А Е Р Р В И Н И Т О Н Р У Н С
В И О И Р Д Н Ц А И А И У Д О
Е Т М Р Н П Е С П У В К Я О Р
Ц Е У О И Я У Е Т Е Е Л А Р О
Р А Б Д Е Т Р М Ф В Л И Л А Р
Д В Ц А С И Е И У Е О Е Е А Т
К У Р И Н О Е С И Е Р Н Ж П Е
У Д А Ч И А Т Р Т Н О Т Я Е Н
В И Н О Г Р А Д Р Р К А Т Т О
```

КОРОЛЕВА	КОНДОРА
КЛИЕНТА	ОСТРАЯ
МЕНЬШИНСТВО	УДАЧИ
КАШТАНОВ	АВТОМОБИЛЬ
ТЯЖЕЛАЯ	ПРОДАВЕЦ
КОФЕ	ТЕСТ
ПРОЦЕДУРЫ	МОРЩИНКУ
ВИНОГРАД	ДВИЖЕНИЯ
ПРИРОДА	ЭТАП
ВЛАЖНЫЕ	КУРИНОЕ

Puzzle 10

```
Д У И Т И Т А О С Т О В П О М
У У Н Щ В О Д О Г Т А О Н Т
И С Т О Р И Я П Б И В Р Т Б И
Т Е У Ч Е Р Е З И Т Е И Р У П
С О Д Е Р Ж И Т Р Е Т Т Е Т Р
У О У И И Е М Р А М С Ь Б Ы О
П Т Р Н И О А Р Е П Т Н Л Д
Л К П Е Б О С Е Т Е В А О К А
И Л А Л О П Л О С Р Е Ч С И Ж
Т О И В Б И А С Я А Н А Т О И
Ы Н Л А Г Р И Б Е Т Н З И Я Т
А Я У Р Н Т Н И О У У У Т Н Т
Е Ю Е П Е Д Ф Т М Р Ю Н С Г Т
У Т Е У И Т И С Л А Д О Р О Г
```

ГОДОВЩИНУ	ОТВЕТСТВЕННУЮ
ЗАЧАТЬ	МАСЛА
ИСТОРИЯ	ТЕМПЕРАТУРА
ГРИБ	УПРАВЛЕНИЕ
СОДЕРЖИТ	СОБИРАЕТСЯ
ГОРОДА	ПОТРЕБНОСТИ
ОТКЛОНЯЮТ	ПРУД
БОБ	БУТЫЛКИ
ПЛИТЫ	ЧЕРЕЗ
ВАРИТЬ	ПРОДАЖ

Puzzle 11

```
Б И И О Т У Ф Т П Р С И Т И О
Е И Н Е Л Е С А Н Н Е И Р С Ж
С Л Б А С К Е И Н Е Н Е М З И
П И Р И Е Р Т Н Е Ц Р С Е В Д
О Х А А А У Е О И У М Е Л Е А
К О К У Ф Г М Д О Ц Е И У С Т
О Р Р П О Ч Е Т А Ш А Р И К Ь
Й А О Т С Е Ъ С У О Т Е И В И
С Д С С С Д Д И К Ь Л У С О С
Т К С Ч Т У О Р С С Н Е Р С М
В А А У Е А П Ю У У Е А Е П У
О У О С Р Т Т С Л Г В Е В Н И
С Н Т М Ф С О О М Е Х А Н И К
И Е М Е М У Т М К И О Т С Е Д
```

СОСУЛЬКИ	ОСТАТОК
ЮРИСТ	ШАРИК
БЕСПОКОЙСТВО	КРУГ
ГУСЬ	ЛИХОРАДКА
МЕХАНИК	ИЗМЕНЕНИЕ
ПОДЪЕМ	СЧЕТОМ
БРАК	ОЖИДАТЬ
ДИВАН	ВЕРСИИ
ЦЕНТР	НАСЕЛЕНИЕ
ЕДУ	ПОЧЕТА

Puzzle 12

```
П И Т М Т Е Т И Е Т Т Ы И Г Б
А О В А Н Н А Е И Е П Т А О Л
П И С Я А К С Р Е Ь Р У К Л Е
И А У Е Р К С Т О Л И Н Р О С
Ь Е Р О Д Д Е И О Е Ш И М Д Т
Т Т И У А Е М В И Р Л М О Н Я
И И У Е П Е Н П О У А Т Е Ы Щ
Р У И И А Н Е И Е Л О М Н Й И
О Л Е А З Р Н Р Е Р Е Н Е А Й
Т А Я И Н Е Ж О Н М У Ч Н Д Ы
В Ы П Е Ч К А В О Д Ы Т О А Н
О П О В О Р О Т А И Л А Г Ж Л
П С С И Н Е М М Т Т Р М И Е О
П Р М Ф Т М И Н А М Т И И П П
```

ВЫПЕЧКА
МАТЧ
БЛЕСТЯЩИЙ
ПОЛНЫЙ
ПРИШЛА
ПОСЕДЕНИЕМ
МИНУТЫ
ПАРУ
ДАЖЕ
ВАННА

ГОЛОДНЫЙ
ПОВОРОТА
СТОЛ
ЧЕЛОВЕКА
УМНОЖЕНИЯ
ВОДЫ
НОГИ
КУРЬЕРСКАЯ
ЗАПАД
ПОВТОРИТЬ

Puzzle 13

```
С Е А Д Т М А К Ф Е И П У Т О
К А Ж Д У Ю Т М А И О Т М Е И
О Ч К И Р Я О А К П С П Н М О
В Н Е Т У Н Ч С Ш Т И Т Е И П
У У Р М Р О Н Т А С В Т Е М О
О А Е И Р Г А Е К Р Т И А Ь С
Г Р О М К О Я Р И И Р Т Ц Л П
Е М С А А П Р О Т В Ш Е И О Е
Ч У Т П О А Т М О Е У Л И Н Ш
И П Р И Н И М А Ю Т Т О М И Н
Н А Ч А Л И Т Л М М И Е Е Т О
Н Е И У И М Л Й О К Т О Р О К
С О Т Р У Д Н И Ч А Т Ь С Б Н
А Е Е Т О Л К Н У Л И Г Р И Л
```

КАЖДУЮ	ПОСПЕШНО
НИЧЕГО	НОЛЬ
ШУТИТ	ТОЧНАЯ
КАПИТАЛ	ТОЛКНУЛИ
ОЧКИ	КОРОТКОЙ
МАСТЕРОМ	ТЕЛО
УМНЕЕ	ПОГОНЯ
КИТ	ПРИНИМАЮТ
ШКАФ	ГРОМКО
СОТРУДНИЧАТЬ	НАЧАЛИ

Puzzle 14

О	Т	Л	И	М	И	А	В	Н	П	И	У	О	И	П
Н	Д	И	И	М	А	Е	О	Е	О	Р	П	Ж	Н	Р
Ь	И	Н	А	Н	С	И	П	С	И	Л	И	Е	С	Е
Л	Т	Т	А	К	А	З	Р	К	Р	О	Д	С	П	Д
А	Б	Р	Е	Ж	Н	Р	О	О	Д	У	Ч	Т	Е	П
И	П	У	У	Я	Д	Р	С	Л	Ч	Т	О	О	К	О
Ц	Е	С	Л	Б	И	Ы	Т	Ь	Г	А	Е	Ч	Т	Ч
И	М	Л	М	А	К	С	О	К	Л	Ц	П	Е	И	И
Ф	Б	А	Н	К	В	А	Р	О	О	Р	Л	Н	Р	Т
О	Е	Д	Н	А	И	К	В	А	Т	С	В	Н	О	А
Т	О	Ч	И	Л	К	У	А	Е	Н	У	Н	Ы	В	Е
А	Л	И	М	Т	В	Е	С	Н	О	Й	Г	М	А	Т
С	Л	О	Н	О	В	П	Р	О	Е	К	Т	И	Т	С
П	Р	Ы	Г	Н	У	Л	А	К	А	Р	Т	А	Ь	Т

БАНК	ТОЧИЛКУ
ОЖЕСТОЧЕННЫМИ	ОФИЦИАЛЬНО
КАРТА	БУЛАВКА
ВЕСНОЙ	ПРЫГНУЛА
ЧУДО	ОДНАЖДЫ
НЕСКОЛЬКО	ПРОЕКТ
СЛОНОВ	ПРЕДПОЧИТАЕТ
ВОПРОС	ВСТАВКИ
ИНСПЕКТИРОВАТЬ	ТРУБКА
ЧТО	ЗАКАТ

Puzzle 15

```
Н  П  У  Ф  У  Т  Б  О  Л  Ь  Н  А  Я  У  М
О  М  Р  В  Н  Р  Ц  И  П  Т  С  О  Е  С  Н
О  О  Т  П  А  Е  Л  И  Р  У  Л  И  В  Т  О
Т  Р  Р  И  У  Л  Г  Н  И  Щ  Н  Е  Ж  А  Г
И  А  Т  О  М  Е  Г  Е  Б  Н  А  Р  Б  Н  О
П  И  С  А  Т  Е  Л  Я  Ы  Б  У  З  У  О  К
О  У  О  Е  Т  Т  Е  Т  Т  П  Р  С  Д  В  Р
В  С  Р  М  П  С  Б  Н  Ь  О  Е  Т  У  И  А
О  М  Е  П  У  З  Е  Н  И  Л  М  О  Щ  Т  Т
П  Т  Ф  В  Т  Ф  В  Р  И  Я  О  Л  Е  Ь  Н
Ч  А  С  Т  И  Ц  А  У  К  Т  Н  О  Е  А  О
П  Р  И  В  Л  Е  Ч  Ь  К  Д  Т  М  Т  Н  С
У  Е  Р  С  Б  О  Р  К  И  У  Е  О  М  Р  С
В  С  П  Ы  Х  И  В  А  Е  Т  Д  О  Я  Е  Н
```

ГЛАВУ	ПОЛЯ
ЗУБЫ	МНОГОКРАТНО
РОСТ	ФУТБОЛЬНАЯ
ПРИВЛЕЧЬ	РЕМОНТ
СТОЛОМ	ЗВУК
БЕГЕМОТА	УСТАНОВИТЬ
СБОРКИ	ЧАСТИЦА
ВСПЫХИВАЕТ	ПРИБЫТЬ
ПИСАТЕЛЯ	БУДУЩЕЕ
ЖЕНЩИН	КРЕСТА

Puzzle 16

П	Ь	Т	О	Ч	К	А	В	П	Т	Т	Е	О	Ф	С
Ь	Т	И	Ш	А	З	П	К	С	М	Л	А	Ч	Р	О
В	А	Ф	Ь	Н	Е	З	Е	Л	Е	С	И	Е	У	О
Ы	В	С	Д	Е	Л	А	Н	О	А	Ф	Н	В	К	Б
Ш	О	К	О	Н	Ф	Л	И	К	Т	П	О	И	Т	Щ
Е	Р	П	Й	О	В	О	Г	У	Р	К	П	Д	Ы	А
И	И	П	И	П	У	Р	Р	Т	Т	Р	А	Н	М	Т
Т	М	Е	Е	О	Е	Н	А	Е	Б	Т	Р	О	Ы	Ь
Н	Ю	Ь	Т	С	А	Ч	С	Ч	Т	Е	Т	М	Л	С
Е	З	П	И	Т	М	Е	Е	К	Т	П	Н	Р	Ь	Я
П	Е	О	О	Т	И	Е	С	И	У	Р	Е	Е	Н	В
П	Р	И	К	Р	Е	П	И	Т	Ь	Т	Р	Н	Ы	Н
Д	У	М	А	Ю	С	Т	В	А	А	М	С	Р	М	У
К	У	Л	Ь	Т	У	Р	Н	Ы	Й	Н	И	М	А	Н

СЧАСТЬЮ
ДУМАЮ
КРУГОВОЙ
МЫЛЬНЫМ
ПРИКРЕПИТЬ
ЗАШИТЬ
ТОЧКА
КУЛЬТУРНЫЙ
ПАРТНЕР
СДЕЛАНО

СТУК
СЕЛЕЗЕНЬ
СООБЩАТЬСЯ
ПАЛКА
ФРУКТЫ
РЕЗЮМИРОВАТЬ
ВЫШЕ
ОЧЕВИДНОМ
КОНФЛИКТ
УТЕЧКИ

Puzzle 17

```
Т   У Р Я У О Л Е Н Т С Л К Г
Ы Д Н В У М Ь Д Е В Р О У О А
С О А И М Ч Е М Е И Е У У Л М
Я К С У З А Н Т П Т У Т У Л Б
Ч Т И А С К С Ы С Е Г У Й А У
И О О Т А Ж И Т Х О О П О П Р
И Р Т И Н О И Й И Р Л О Н С Г
Н Р О Ь О Л А М А У Ь Ж Ч М Е
Л Ь Е Т У В Е Р Е Н Н А А Ф Р
С Е Н С О Р Н О Г О И Р Р И Н
П И У А Т Е Л И С Е К Н З Е А
Н У Д Ч Ь Т И З А Р Б О О В Я
П А Р К А О Н И У Т П Г Р П С
К О Н К У Р Е Н Ц И Я О П С И
```

МАЛО	ОНИ
ВЕДЬМУ	ТЫСЯЧИ
НИЗКИЙ	РУЧНЫХ
СЕНСОРНОГО	ТРЕУГОЛЬНИК
КОЛЛАПС	ВООБРАЗИТЬ
ЛОЖКА	ПАРКА
УВЕРЕН	ПОЖАРНОГО
КОНКУРЕНЦИЯ	ДОКТОР
ГАМБУРГЕРНАЯ	ЛЬЕТ
ЧАСТЬ	ПРОЗРАЧНОЙ

Puzzle 18

```
М  Р  А  С  К  Р  Ы  Т  Ь  А  П  О  В  Е  З
Р  О  Р  Е  Ш  Е  Н  И  Е  Л  У  О  Н  Е  С
У  Е  Т  Н  И  С  У  Н  Ю  Ь  Л  С  Ы  М  Р
У  И  Т  И  Ы  И  О  И  Я  Т  А  Ц  Е  Е  О
Е  С  О  И  В  Е  Е  Т  Н  Е  М  Г  А  Р  Ф
К  Р  М  М  О  А  Л  Т  С  Р  Д  О  Л  Я  У
Н  Л  П  Р  Т  Ф  Ц  У  Е  Н  В  Е  З  Д  Е
П  И  Е  А  О  И  С  И  П  А  С  Т  И  М  Ф
П  Е  И  Т  Г  Т  М  У  Ю  Т  С  У  А  У  У
О  О  Р  И  К  Ю  Р  Т  Т  И  Е  П  И  У  Т
М  Н  П  С  И  И  И  Е  Ь  В  Р  Е  Ч  Я  Е
Н  А  Е  У  И  Ц  Т  О  Ы  Н  И  Ч  Ж  У  М
Ю  М  Т  И  Е  К  Ь  Т  С  О  Р  Д  Е  Щ  Т
А  И  Д  С  И  Д  Е  Т  Ь  Е  Е  П  Е  М  Е
```

ЩЕДРОСТЬ

ДОЛЯ

ГОТОВЫ

МОТИВАЦИЮ

ФРАГМЕНТ

АРМИИ

РАСКРЫТЬ

КЛЕТКИ

СИДЕТЬ

ПОВЕЗ

АЛЬТЕРНАТИВНОЕ

ЧЕРВЬ

МУЖЧИНЫ

ВЕЗДЕ

ПЕРСИК

ПОМНЮ

ПЕСНЯ

МЫСЛЬЮ

РЕШЕНИЕ

ТРЮК

Puzzle 19

```
Ш  А  Р  С  И  Е  У  Т  Т  Г  А  Р  Щ  Б  С
П  О  Д  С  Ч  И  Т  Ы  В  А  Т  Ь  Е  Р  В
Р  Т  С  Р  М  У  П  С  Н  Л  Е  О  Н  Ю  Е
Т  И  Т  У  Л  М  Е  О  А  Ф  О  Е  К  К  Р
В  Е  Р  Х  О  М  У  Р  Т  Н  Т  И  А  И  К
О  Т  Д  С  С  С  Т  З  О  Е  К  В  Т  С  А
Д  У  И  О  О  Т  Л  М  Ы  И  Р  И  Ч  Я  Ю
Е  А  Р  М  С  А  Е  У  Е  К  С  И  Е  И  Т
Ж  Т  Е  П  Л  О  В  А  Я  В  А  У  М  А  М
Д  Т  Т  И  Р  И  Л  Ь  Т  А  В  Ы  З  Т  О
А  Ь  Т  А  В  О  Р  И  Р  О  Н  Г  И  М
Й  Ы  М  Е  А  Г  А  Л  О  П  Д  Е  Р  П  Н
Р  А  Д  У  Г  И  М  О  У  Т  У  И  О  В  Т
М  О  Т  Т  И  Т  Л  Б  Т  О  Е  И  У  М  А
```

ПОДСЧИТЫВАТЬ	ШАР
ПОТЕРИ	ВЕРХОМ
ИГНОРИРОВАТЬ	ТИТУЛ
ОТЗЫВАТЬ	РАДУГИ
ПРЕДПОЛАГАЕМЫЙ	ФЛАГ
САНКИ	ТЕПЛОВАЯ
ЩЕНКА	ОДЕЖДА
УМА	СВЕРКАЮТ
МЕЧТА	БРЮКИ
ОТПРАВКИ	МУЗЫКА

Puzzle 20

```
Й И Т Е Р Т М У Ф М З М И П И
И Р Е К Л Д В И Р Р Р Е Т Р З
К О Н Д О Л О Х Е Ь Е Н Р Е М
С П О Т С К Т И З Л Л Е Г Д Е
Е Т О У Т С Т П И Е Ы Е Р С Р
Ж И Р П О Н Н Е Ю Б Й С А Т Е
А Т И А У О И У Й Ы Р У Н А Н
Р А Р А Д Л У И С Л А Б Д В И
В С П П Е А Я Н П О Я Б И Л Е
З Д Е С Ь Л Т Р О К Т О О Я У
Н А Д Е Ж Д Ы Ь Н О В Т З Е Л
К Р А С О Ч Н А Я А П Ы Н Т С
В Л А Д Е Л Е Ц У Т Я Р О О Т
И П О Л О С К У О И Е А Е В И
```

ХОЛОДНО	НАДЕЖДЫ
СТРАДАТЬ	КОЛЫБЕЛЬ
ВЛАДЕЛЕЦ	ЗРЕЛЫЙ
ПОЛОСКУ	СТОП
КРАСОЧНАЯ	ГРАНДИОЗНОЕ
ИЗМЕРЕНИЕ	МЕНЕЕ
ФРЕЗИЮ	ЗДЕСЬ
СУББОТЫ	ПОПУЛЯРНАЯ
КОКТЕЙЛЯ	ТРЕТИЙ
ВРАЖЕСКИЙ	ПРЕДСТАВЛЯЕТ

Puzzle 21

Е	Т	Е	С	Р	С	Р	Л	С	А	И	О	С	Л	Х
Р	А	А	Е	Т	В	И	А	Е	П	Е	М	С	И	Л
Р	А	Б	М	А	О	У	О	Г	С	В	О	Е	Ш	Е
Е	У	У	Р	Е	Т	Р	Е	Д	Р	Т	Р	Щ	А	Б
З	С	В	У	П	А	П	О	А	Т	А	Н	Е	Я	Е
И	С	У	Е	А	А	О	У	Н	Е	Д	Б	И	Е	С
Д	Е	Р	Е	П	В	В	У	О	Ы	Ю	И	И	Ц	Т
Е	Е	Ф	Е	У	Л	О	С	М	С	Й	П	Е	Т	Ь
Н	Т	У	С	Е	Л	З	Л	И	Т	М	Е	В	Т	Ь
Т	С	И	Е	В	А	К	И	Л	И	А	О	Ц	П	Т
М	О	Р	О	З	А	А	Ш	М	Е	Д	В	Е	Д	Ь
З	Д	А	Н	И	Е	А	К	Б	Ы	Л	У	М	М	У
К	О	Л	Ь	Ц	О	Е	О	Н	Ч	О	Н	Е	Ц	О
Е	Е	Л	С	П	Е	А	М	И	Р	Л	Т	Е	О	С

ЛИМОНАД
ЕСТЬ
ОЦЕНОЧНОЕ
ДЮЙМА
ПОВОЗКА
СЛИШКОМ
ХЛЕБ
КОЛЬЦО
АМБАР
ЕЩЕ

МОРОЗА
ГРАБИТЬ
СТОРОНЫ
ВПЕРЕД
ЛИШАЯ
ЛЕСТНИЦ
ЗДАНИЕ
РЕЗИДЕНТ
МЕДВЕДЬ
УЛЫБКА

Puzzle 22

```
У С Т О О С И П З И И Р Т Т В
С Л Р С М Е С О П И С С Е М И
У А Т Р Т У Л Т Ф М М Л Р О Д
А Й Е В У Е А Е Е Г О У М К Е
Р Д П О С Т Е П Е Н Н О О О Л
У С К О Л Ь Ж Е Н И Е М М Н И
Т Н Ц И У Ф Т Е С Д П Т Е Ц В
Ь О Д Н О Р А З О В Ы Й Т Е Н
Л Е Ц Р А Д О С Т Н О О Р Н И
У С Е О Б С У Ж Д А Т Ь М Т М
К И Н Д З А Р П И С П Т У Р А
П Р И З А В Т С Е Ч А К Ж А Н
Р В В О Б Л А К А С Д А У Т И
П Р С П О П Р О Б О В А Т Ь Е
```

ВИДЕЛИ	КОНЦЕНТРАТ
СВИНЕЦ	ОБЛАКА
ОДНОРАЗОВЫЙ	ПРИЗА
ПОПРОБОВАТЬ	СЛАЙД
ПОСТЕПЕННО	ТЕРМОМЕТР
МУЖУ	КАЧЕСТВА
ЕГО	ЗИМУ
ПРАЗДНИК	СКОЛЬЖЕНИЕ
КУЛЬТУРА	ВНИМАНИЕ
ОБСУЖДАТЬ	РАДОСТНО

Puzzle 23

```
Г О Г О Н Й О В Д Е И Т О Л И
О М Т В А И И Е М У К Ц Н М И
В С Т З Д Й О Г О Р О Д Н М Ц
О У М О Е Р Ы Т Е Ч М У О О Н
Р Н Н Й Ж С С К Т В А П Ы Л Ь
И Н С Т Н О В А Н Е Р А Ц Г С
Т О К И А Ь Т А Ц Д И Р Т У И
Ь Р Р У Я Т С Н Д Д П Н Т Р В
Л У А С Х У Н Т О Е Р А С К Н
Л Ж П Л Т Н С И И Ш Б М Р Е А
Е И И О Р В Я Т У Н Е Н Т О Ш
Я Е С В Е Т Л Я Ч О К Н Ы Т Е
М Н О Г О Р А З О В Ы Й И Й Й
В Д О Х Н О В Л Я Е Т Т И Е О
```

ДОРОГОЙ	СВАДЕБНЫЙ
ДВОЙНОГО	ОТНОШЕНИЕ
НАДЕЖНАЯ	ОРУЖИЕ
ВДОХНОВЛЯЕТ	АРЕНА
ЧЕТЫРЕ	ВЗОЙТИ
ГОВОРИТЬ	ТРИДЦАТЬ
АКТ	НАШЕЙ
КРУГЛОМ	ПЫЛЬ
МНОГОРАЗОВЫЙ	КУХНЯ
КОМАР	СВЕТЛЯЧОК

Puzzle 24

```
С П Ш А М П У Н Ь С Ь Е П Е Т
М О К О М А Н Д А О Т Ь Л А П
А Д Л Ф Л У П Т П К А С Н С И
М В А Р И Е Е Л П Р Г У Р И С
И И В О Л О С Ы Е А Е Е Ф У Л
И Г Р М И Ц Р А А Щ Б Д М Р В
Л Л Т С И О В Т С Е Ч И Л О К
У И П В М Н Е И У Н И М А К П
Н О Ь Л А Т Ч О П И П О Ч Т И
Ы Н Й О В У С С И Е Т Е Т У Б
З А Р Я Д А Р О Д И Т Е Л И Л
И Н Г Р Е Д И Е Н Т А С П И Ю
И З О Б Р А Ж Е Н И Я Т Л М Д
Д О Л Ж Н Ы Ж У Р Н А Л С Т О
```

СОКРАЩЕНИЕ	КОМАНДА
ВОЛОСЫ	ДОЛЖНЫ
ШАМПУНЬ	БЛЮДО
ПОЧТИ	РОДИТЕЛИ
ЖУРНАЛ	ПОДВИГЛИ
ПАЛЬТО	ЛУНЫ
КАМИНУ	ЗАРЯДА
КОЛИЧЕСТВО	БЕГАТЬ
ИЗОБРАЖЕНИЯ	ИНГРЕДИЕНТА
ВОЙНЫ	ПОЧТАЛЬОН

Puzzle 25

```
Б И П А Ь Т А С И П О А М Т Л
У М Р И М И Т И С О Б С Р С М
М Я К П О И Т Б У Х А П А З С
А Г Т Р М О А Р З Н И У Р С Т
Г К А Т А Г И Г А Н Т С К А Я
А О Т В Д С К Л Р Л Е Р И В И
Т Е В О С В И Р С У Г У Ш Е Ц
С С М О В Н Е В О Е Н И А Щ А
Г Р У С Т Н Ы М Е Л Т Н Р Е Н
Х В А Т А Ю Т Н Л Е И Д Ф С И
Я Е Е Д Е С Я Т Ь Ц У К Т Т Б
Н Е О Б Х О Д И М О Ф О У В М
Б Р А Т Л У А Ц В Е Т О В О О
Р Р М Е Р Н И Е А С С В П Е К
```

НЕОБХОДИМО	ХВАТАЮТ
ИГЛА	КОМБИНАЦИЯ
БРАТ	СОВЕТ
КРОЛИКУ	ГРУСТНЫМ
ОБА	ВЕЩЕСТВО
ДЕСЯТЬ	ЗАПАХ
ШАРФ	МЯГКОЕ
БУМАГА	ЦВЕТОВ
ОПИСАТЬ	ГИГАНТСКАЯ
КРАСИВЕЕ	СРАЗУ

Puzzle 26

```
С  К  О  Л  З  И  Т  Т  Н  Е  М  У  Т  П  Н
Т  Р  У  И  Е  Ы  В  О  Л  П  Е  Т  Ж  В  Я
Р  У  П  Ц  М  Т  Я  Л  Д  Т  Т  И  Т  И  О
А  Ж  В  О  Л  Н  С  В  Й  И  Д  И  Е  И  Н
Н  К  И  И  Я  Е  Т  О  Ы  Н  И  Н  В  А  Р
А  У  Р  Н  Н  Ц  Ю  Й  Н  Т  Р  Е  Н  А  О
П  З  Т  Л  Д  О  У  Т  В  О  П  У  Е  Ь  А
О  А  У  Т  П  Р  З  И  И  А  Г  Л  И  Т  Р
Р  Т  А  М  Т  П  Ь  Ь  Т  А  Щ  И  Щ  А  З
Е  В  Л  Н  М  С  Л  И  К  Е  Л  Т  И  З  П
Й  О  Ь  С  Е  З  О  Н  А  Е  Л  Е  Н  А  С
А  Р  Н  П  Т  М  П  С  Р  Р  А  М  О  К  Е
С  Ы  У  Е  Л  Ю  Б  О  П  Ы  Т  Н  О  О  Е
И  А  Ю  З  А  П  Р  Е  Т  И  Т  Ь  Р  Д  П
```

ВИРТУАЛЬНУЮ	ВОЙТИ
РАВНИНЫ	ПРОЦЕНТЫ
ЗЕМЛЯ	ЛИЦО
СЕЗОНА	ЗАПРЕТИТЬ
ПОЛЬЗУЮТСЯ	ДОКАЗАТЬ
УЖИН	ЗАТВОРЫ
ДЛЯ	КРУЖКУ
АКТИВНЫЙ	ПОРЕЙ
ЛЮБОПЫТНО	ТЕПЛОВЫЕ
ЗАЩИЩАТЬ	СТРАНА

Puzzle 27

```
П  Е  И  И  У  И  И  И  В  Ш  И  Р  И  Н  А
Т  У  Х  Ы  Н  Н  Е  Л  С  Ы  М  С  С  Е  Б
Е  П  М  Р  Е  С  А  Т  Е  К  А  Р  Й  Р  Е
Н  Ь  Т  И  Б  А  Л  С  С  А  Р  Ф  И  У  Р
Е  Е  Т  Е  А  З  Е  Ч  С  И  Т  С  К  И  Ф
Ц  О  К  И  Н  Ч  Е  Н  Л  О  С  Д  О  П  С
Е  Н  Т  Б  Ш  С  И  М  Р  О  В  Т  С  А  Я
А  К  Т  А  Ч  Е  П  Т  О  Т  И  С  Ы  Д  Р
О  М  И  Т  Н  Д  Р  И  Ц  У  Ш  Т  В  У  О
О  В  Л  С  Ф  А  В  З  Н  Т  Н  О  Д  Б  С
И  Е  Г  Ц  Т  У  Б  О  А  Р  Е  Р  Р  Е  Т
Ж  Е  Л  А  Н  И  Я  О  Р  Р  В  О  У  С  Н
Б  У  Т  Ы  Л  О  К  Ф  Р  И  Ы  Н  Г  С  Ы
И  У  Р  Т  Т  А  У  С  П  А  Й  Е  Т  С  Е
```

ШИРИНА	ДРУГ
РАССЛАБИТЬ	ПТЕНЕЦ
РАЗРЕШИТЬ	БЕССМЫСЛЕННЫХ
ЖЕЛАНИЯ	БУТЫЛОК
РАКЕТА	ПАДУБЕ
ИСЧЕЗАЕТ	СТОРОНЕ
ВСЕ	НАБОРА
ДВОР	ПОДСОЛНЕЧНИК
ОТПЕЧАТКА	ЯРОСТНЫЕ
ВИШНЕВЫЙ	ВЫСОКИЙ

Puzzle 28

```
Е Е У Т Н Ц О Е И О О У Н П Т
Б Н Е Ц С О М Т Т О Р Т А А Е
Н И И Т И М А А К У А Н И Д Р
Н В В И Н А Ц К С Р Ф Е О Е П
П Н И И Е Н И А Т И Ы Р Н Н Е
М Л У Й Д Т Л Е Т Е У Т В И Т
Е И А Ы О Б Ъ Е К Т Р И А Е Ь
П Е К Н П Л И А П П А Е К Я И
И И Й Ч В О С Е М Ь Д Е С Я Т
Ы Л О Ы Р А З Р Е Ш Е Н И Е Е
Д Т Т Б В Л А С Т Ь Р И О О И
Ж П С О О В Р Е М Я Г М П Ф У
У В Н Е З А П Н Ы Й Е А И И О
Н А Ц И О Н А Л Ь Н А Я А С Р
```

СТОЙКА
ВОСЕМЬДЕСЯТ
ОФИС
НАЦИОНАЛЬНАЯ
НАУКА
ТЕРПЕТЬ
ВЛАСТЬ
ВНЕЗАПНЫЙ
ОТКРЫТАЯ
ПОД

ПАДЕНИЕ
ПЛАН
ОБЪЕКТ
ОБЫЧНЫЙ
ЛИЦА
РАЗРЕШЕНИЕ
ВРЕМЯ
НУЖДЫ
ПОИСК
АКТЕР

Puzzle 29

П	Т	Ю	А	Ж	Л	О	Д	О	Р	П	Ф	В	Б	Г
Ц	Е	Р	Т	Л	М	Р	М	У	М	О	А	О	Е	О
У	Г	Р	А	К	Д	З	Е	О	П	У	К	З	З	Р
М	Д	Г	Е	Д	С	И	Ф	Ф	Н	П	Т	В	О	Ы
Т	В	И	Н	Х	И	С	К	А	Т	О	А	Р	П	Н
Ф	Ц	Т	В	С	В	Ц	Е	М	М	М	В	А	А	Ц
Т	А	Р	О	Л	И	А	И	Н	Л	О	Ы	Щ	С	Р
М	Б	А	Т	Т	Е	Е	Т	О	С	Щ	В	Е	Н	Е
И	М	М	Т	Е	Ц	Н	Е	Ы	Н	Ь	О	Н	О	Ч
Б	О	Л	Ь	Ш	А	Я	Н	Й	В	Н	Д	И	С	Ь
Д	Е	Ш	Е	В	О	Г	О	Ы	Н	А	А	Е	Т	П
Л	Т	Р	И	Ц	Л	П	Е	Л	Й	Р	Т	Я	И	Е
Т	Т	Я	С	Ь	Т	И	Н	Е	Ж	И	У	Ь	Н	Ц
М	И	Т	А	Р	Н	Ь	Л	Б	А	Р	О	К	И	И

ГОРЫ
ПОЕЗДКА
ВЫВОД
ДЕШЕВОГО
БОЛЬШАЯ
ВОЗВРАЩЕНИЕ
ПЕРЕХВАТЫВАТЬ
УДИВЛЕННЫЙ
БЕЗОПАСНОСТИ
ЦЕПЬ

ТРАДИЦИОННАЯ
БЕЛЫЙ
ПОМОЩЬ
КОРАБЛЬ
ФАКТА
ПРОДОЛЖАЮТ
ЖЕНИТЬСЯ
ТИГР
РЕЧЬ
ТАКСИ

Puzzle 30

```
А  К  К  У  Р  А  Т  Н  О  Ф  И  Й  Р  У  П
П  Б  Е  З  О  П  А  С  Н  О  Б  Ы  И  Б  Р
Л  О  А  М  У  О  З  Л  И  В  П  Н  И  Е  О
С  Е  С  Т  Ц  И  А  Я  И  Р  Е  В  О  Д  С
С  У  Ж  Т  М  У  Ф  Р  Ц  И  Ф  И  Н  И  Т
Г  А  Г  А  В  С  А  Т  А  Е  Л  Т  В  Т  Р
А  О  И  У  Л  А  К  Т  Р  У  К  Р  Я  Ь  А
М  Т  Р  К  О  А  Д  О  Е  О  А  О  Е  У  Н
Т  Р  Ы  Н  И  Б  А  К  П  Т  Л  П  Е  Л  С
Е  Л  У  Е  О  М  И  Р  О  М  Б  С  Е  С  Т
И  Е  Ф  Ц  Н  С  О  Ш  И  Б  К  У  Т  С  В
В  Р  Е  О  У  И  Т  Х  О  Р  О  Ш  И  Й  О
Д  О  С  Т  И  Ч  Ь  А  Т  М  М  А  С  Л  О
П  О  Л  О  Ж  И  Т  Ь  Й  И  О  Р  Е  Е  О
```

УБЕДИТЬ
ДОСТИЧЬ
ПРОСТРАНСТВО
ОЦЕНКУ
ГОРНОСТАЙ
ХОРОШИЙ
СПОРТИВНЫЙ
МАСЛО
КАБИНЫ
ДОВЕРИЯ

ПОСТ
ПОЛОЖИТЬ
КУРТКА
ФАЗА
ЯВНО
ОПЕРАЦИИ
ОШИБКУ
БЕЗОПАСНО
АККУРАТНО
ЛЕЖАЛА

Puzzle 31

```
Э М О Ц И О Н А Л Ь Н Ы Й Л О
В Т С У С В Е Ч Е Р И Н К И С
Н Т С К У П И Д О Н А Е М С Е
Ж Я А Н Ь Л А М И С К А М Е Д
С Е Р Т Т Д И А П А З О Н Р Л
К П Н Т А Х А П Е Р Е Ч М Ь Ы
Р Ь Т А В И Ж Р Е Д Д О П Е Й
О О Р Д О П О Э Т О М У П З В
М Е О А Р Т Т Ц В Е Е У О Н О
Н У Ф Л И Д Т М Е О Е И Л О Н
Ы Е М О Г Ф Е Т И О М Ц Д Е О
Й Р О К А Е Н О Г Т Е Й Е М З
А И К О Е Н Н Т Е Н Е Т Н Б И
П А М Ш Р А У С Т Д Д И Ь Т Б
```

ЭМОЦИОНАЛЬНЫЙ	ПОЛДЕНЬ
ДИАПАЗОН	СНЕГ
СКРОМНЫЙ	НОГТЕЙ
ВЕЧЕРИНКИ	ПОЭТОМУ
ЧЕРЕПАХА	МАКСИМАЛЬНАЯ
СЕРЬЕЗНОЕ	ОСЕДЛЫЙ
КУПИДОНА	КОМФОРТ
БИЗОНОВ	ШОКОЛАДА
ЖЕНА	РЕАГИРОВАТЬ
ПОДДЕРЖИВАТЬ	ЗМЕЙ

Puzzle 32

```
А И Д П Р А З В И Т И Е П В А
А И Л Н О Н А Е У М О З Н С К
И Н Р Е П Д У И Л Ы Б У А Т А
Т А О И Е Н Д Н Т У С Б И Р Д
О П Ы Т С А М Е Л Б О Р П Е Е
Т Е О Р И Я Е Л Р Е С А У Ч М
О Т М Е Т К У П И Ж П А Е А И
Р Л Е М О Н М У Г Д К Е И Л Ч
С В Е Ж И Й С Т И Л А А Н В Е
И Е Ф О И Е М С А Н А Н А М С
Я У Т Н А Н У Е Р У У З В С К
Т Е И Н Е С Е Р К С О В А О И
К Р Е С Л О У П А Т С Е Л Д М
П О Л О В И Н Ы О Е И Р П Ы И
```

ГЛАЗА	РИС
ПРОБЛЕМА	СВЕЖИЙ
АНАНАС	РАЗВИТИЕ
ОПЫТ	ОТМЕТКУ
ВОСКРЕСЕНИЕ	АКАДЕМИЧЕСКИМИ
ВСТРЕЧА	ТЕОРИЯ
ПОЛОВИНЫ	ПЛАВАНИЕ
БЫЛИ	ПРЕСТУПЛЕНИЕ
АРБУЗ	КРЕСЛО
СОДЫ	ПОДДЕРЖКА

Puzzle 33

```
П П У Е С Т Е Т О Б С С П О Д
Е О Е И Л И С А Н У Л Е О У Е
Р В Е Т А Л И С Ф О Н Д Р Г С
Е Е Т М Д Р И И К Р Р Н А Я Я
Д С Р М О С Р М Е А Е П Ж Е Т
А И С П С Г Е Т О Н Ж Е Е Б О
Ч Т Е С Т Т О Р Н Н А У Н Е Г
У Ь Н Т Ь Т У Н Я Т М Е И Н О
П Л А В А Т Ь Е В Р О Т Е Ь М
Б Ы Л О Р С Ь Т И Р Е В О Р П
Р А С С Т О Я Н И Е Е М У Х И
Е Д А И У О А Д Е А Л З И Р Ф
В Н Е Ш Н И Й О У Л О Е Е Н И
А Т Р П У С У Т С С Р Е И Р С
```

НАСИЛИЕ	ПЕРЕДАЧУ
ПОВЕСИТЬ	РЕЗЕРВНОГО
СКАЖУ	ГРЕБЕНЬ
ДЕСЯТОГО	ТЯНУТЬ
БЫЛ	ФОНД
МУХИ	ПРОВЕРИТЬ
ЕДА	РАССТОЯНИЕ
ВНЕШНИЙ	ПОРАЖЕНИЕ
РОТ	ЛИМОН
СЛАДОСТЬ	ПЛАВАТЬ

Puzzle 34

Р	К	А	Р	Т	О	Ф	Е	Л	Ь	Т	Т	Е	П	М
Ц	Е	О	Н	Ь	Л	А	Е	Р	Т	И	Т	Е	У	Е
К	А	Ш	С	Т	О	И	М	О	С	Т	Ь	О	Г	И
Х	А	К	И	Т	К	А	Р	П	И	О	Е	Ф	А	А
В	П	Ж	И	Л	О	Е	А	П	Л	У	Д	Т	Л	С
А	Е	У	Е	П	А	К	Ш	Е	М	С	А	Н	О	О
Т	Р	Е	Ь	Т	И	Ж	О	Л	О	П	Д	Е	Р	П
А	П	И	Л	Е	С	Р	Е	З	У	Л	Ь	Т	А	Т
Е	П	Д	Н	Н	Е	Я	М	Е	Л	Ь	Н	И	Ц	А
Т	Е	Т	Е	К	О	Л	Л	Е	Д	Ж	А	С	Е	А
М	Р	О	Ж	Д	А	Е	М	О	С	Т	И	И	И	Е
Б	Е	С	П	О	К	О	И	Т	С	Я	М	Е	П	И
Р	А	С	П	Р	О	С	Т	Р	А	Н	Я	Т	Ь	Н
М	У	Р	А	В	Е	Й	Д	Е	Л	Ь	Ф	И	Н	П

МУРАВЕЙ
РАСПРОСТРАНЯТЬ
НАСМЕШКА
КАРТОФЕЛЬ
РЕШИЛА
КАЖЕТСЯ
НЕТ
КОЛЛЕДЖ
БЕСПОКОИТСЯ
ПРЕДПОЛОЖИТЬ

РЕАЛЬНОЕ
ПУГАЛО
ДЕЛЬФИН
МЕЛЬНИЦА
ХВАТАЕТ
РОЖДАЕМОСТИ
РЕЗУЛЬТАТ
РЕПА
ПРАКТИКА
СТОИМОСТЬ

Puzzle 35

```
Т  А  Р  З  Р  У  Ь  Т  Я  П  С  С  А  Л  К
Р  И  И  А  Р  Т  Т  С  Ф  Е  К  О  С  О  Н
А  И  И  В  Л  П  А  Н  И  Д  О  Р  О  М  С
Г  Л  Е  Т  П  Л  В  А  А  Ф  М  М  Я  С  А
И  К  И  Р  О  У  И  О  У  Т  Б  Т  Й  Е  Е
Ч  К  Л  А  М  Б  В  П  И  У  И  М  Ы  Т  М
Е  Р  Т  Е  Е  М  З  И  Л  И  Н  У  В  М  П
С  У  С  Т  В  Т  А  Т  Е  У  И  Г  И  И  Л
К  Т  Н  О  К  А  Р  Д  Р  Е  Р  О  Л  А  П
И  О  Г  О  Л  А  Т  С  У  И  О  Ц  Е  Л  Ь
Й  С  П  Е  Ш  К  А  Ь  И  П  В  С  П  П  И
М  А  Р  Г  А  Р  И  Т  К  А  А  М  Р  У  Р
У  Ч  А  С  Т  Н  И  К  А  Н  Т  У  Е  Р  Д
В  Е  Р  О  Я  Т  Н  О  Т  Ц  Ь  Л  Т  М  С
```

ТРАГИЧЕСКИЙ	МАРГАРИТКА
ВЕРОЯТНО	ТРИ
СМОРОДИНА	ТЕРПЕЛИВЫЙ
КЛЕВАТЬ	ЦЕЛЬ
ЗАВТРА	РАЗВИВАТЬ
КРУТО	ПЯТЬ
СКОМБИНИРОВАТЬ	КЛАСС
МЯСА	УСТАЛОГО
ДРАКОН	НОСОК
УЧАСТНИКА	СПЕШКА

Puzzle 36

```
И Л И Х Р А Б Р А Я А М С П П
Р С И А В Т О Б У С О М М Р О
Ф Ч К Т П О З Д Н И Й Н И Т Д
Е А М Л О Й И Р А С С О Л Г А
Д С Г Т Ю Е И Л И С У В Л И Р
Е Т Р Т Р Ч У Н М Ц У О Д Р К
Р Н Л О Б Т Е К С А Б Е Е Е О
А А О Н Р А Т Н Е М Е Л Э Д В
Л Я Н Л И Т С Р И У Ф Е Е Ь М
Ь Л Р И Н С И Я Н Я Н С Т К М
Н П Н С Ф С Р И Т Р У У И А П
Ы А Ш А Ч У Л Е П О К У П К И
Й К И Л У С И С Д О Х В П Т И
Р О Ж Д А Е Т С Я А Е Д Р П Р
```

УСИЛИЕ	ГЛОССАРИЙ
ЧАША	ИСКЛЮЧЕНИЯ
ХРАБРАЯ	БАСКЕТБОЛ
ПОДАРКОВ	НОВОЕ
КАПЛЯ	ВХОД
АВТОБУСОМ	ФЕДЕРАЛЬНЫЙ
РЕДЬКА	ЧАСТНАЯ
ПОЗДНИЙ	СРЕДА
ПОКУПКИ	ЛИТОЕ
РОЖДАЕТСЯ	ЭЛЕМЕНТАРНО

Puzzle 37

```
У Е О О А Л У Р М С И Я П М П
Я М Е Р Я Е А Е Я Т И С Л Е Р
А Т И У Т К Т И А А Я Л А Ж А
Д А Н Н О Й У И Н Й Х У С Д В
С Л П И Х М К П Р Н Ы Н Т У И
О У Г Р Т М У Е Е А Н С М Н Л
Ж В У Л О О Р И Ч К Н О А А Ь
Ж И О Т А Ш Х Ы Н В А Р С Р Н
Е Д У А Т Г Л А Е А М П С О Ы
Н Е О М О Н О Ы Р Т Р У О Д Й
Ы Л А Н У Е И Л Й С А И В Н М
Р А Е С Л Р Л Ф А О К У О Ы У
И С П О В Е Д Ь Ч П Р С Й М Т
Д Р А М А Т И Ч Е С К О Й И Р
```

ПЛАСТМАССОВОЙ	ДРАМАТИЧЕСКОЙ
РУКУ	ПРАВИЛЬНЫЙ
ПРОСНУЛСЯ	ИСПОВЕДЬ
УВИДЕЛА	РАВНЫХ
ХОТЯ	КАРМАННЫХ
ГЛАГОЛА	СОЖЖЕНЫ
КУПЕ	ДАННОЙ
МЕЖДУНАРОДНЫМИ	ПОСТАВКА
ПРОШЛЫЙ	ЧЕРНАЯ
ЧАЙ	ТАЙНА

Puzzle 38

```
Я А К С В Е Л О Р О К Р Е У О
Р У Т У И Н Е Г Л Ь Н З И Ж Б
М Т О М А Т Р О Т Т С С М Т З
Е Л Л П В О Е М Е И М Ф И Л О
Ш У Н Т С В Т Е Я Ч Т О М У Р
У А Ы Д И В К А Н А В Ы В К Т
С Ь Т И П М А Д Л Р Е Ц Ы О Г
Б Т А К И И Р Ж О У П И Д Л Р
Н И Б Л И А А У П Д М Н Е Л О
Л С Е И Т Й Х Б Ы О Н Е Л Е М
Е О Д С У Е О З В Т С Ш И К Ч
О Р О А Е С О О И О У П Т Ц Е
А Б Е У Е О И В С П С Н Е И А
И Р И И Е Е У Ч Е Н Ы Е Е И В
```

КАНАВЫ	КОЛЛЕКЦИИ
ДЕБАТЫ	ЖИЗНЬ
ТОМАТ	ПИТЬ
ВЫПОЛНЯЕТ	ВИДЫ
КОРОЛЕВСКАЯ	ХАРАКТЕР
БРОСИТЬ	ЛИСА
ШАТКИЙ	ОДУРАЧИТЬ
УЧЕНЫЕ	ГРОМЧЕ
ПШЕНИЦЫ	ОБЗОР
ВОЗБУЖДАЕМОГО	ВЫДЕЛИТЕ

Puzzle 39

Ь	Р	А	Ц	Ы	Р	Ж	И	В	О	П	И	С	Ь	М
О	А	К	Е	О	В	Ь	П	Я	Н	Ц	Е	Т	Н	Т
Д	З	И	С	Б	Ь	Т	С	О	Н	Ь	Л	А	Е	Р
И	О	Н	П	Л	Н	И	М	У	О	Б	У	В	Ц	Т
Н	Ч	В	О	А	У	Н	Р	Ф	Т	М	У	Е	И	И
О	А	А	Л	Д	Л	М	А	О	Р	Р	Н	Д	Я	Л
К	Р	Л	П	А	Ю	О	Е	З	Я	У	У	У	Е	Т
О	О	П	Р	Е	Б	П	М	Ж	В	В	С	И	Л	Т
Е	В	М	Е	Т	О	А	М	Т	Д	А	Т	С	К	И
Л	А	Ф	М	М	Й	Н	Е	Т	В	У	Н	У	О	С
А	Н	Р	А	З	Л	И	Ч	Н	Ы	Е	Е	И	Ж	Н
В	Ы	Г	Л	Я	Д	Е	Л	Т	Р	Е	И	О	Е	О
Р	А	С	С	В	Е	Т	Ф	С	З	Е	Р	Л	Н	О
Н	Е	В	И	Д	И	М	Ы	М	В	Д	Р	О	С	Р

РАССВЕТ
ЖИВОПИСЬ
НЕВИДИМЫМ
ВЫГЛЯДЕЛ
ОБЛАДАЕТ
ПЛАВНИКА
КЛЕЯ
МЕЖДУ
РЫЦАРЬ
ПОЛ

НАПОМНИТЬ
ОДИНОКОЕ
СНЕЖОК
НАЗВАНИЕ
ЛЮБОЙ
РАЗЛИЧНЫЕ
ВЗРЫВ
РЕАЛЬНОСТЬ
РАЗОЧАРОВАН
БУДЕТ

Puzzle 40

```
В П Р О С Л Е Д О В А Т Ь Т Ч
И Л И С С Л Е Д О В А Н И Е И
С Т И Д О Х С И О Р П У К О С
П И И Я Н Е У Л М О А Т Ш Р Л
У З Т А Н И Ф Л О С О М Е Б О
Г А Д Г С И Е Л Л Т Е У П О О
А П Е З У Т Е Т О А Ь П С Д У
Н А Л В С М Т Д Н Т О Й О К
Н Д Е Ф Е Е Т О О О А М О М У
Ы Н Н Р Е И З О Й В К И Т У О
Й Ы И С Т И Е Д Й И Л Н С Р И
Н Й Е С С А Б С Ы Л О А И Р В
О Ц У К А З А Т Ь С Т Т Е Е Е
К У К У Р У З Ы С Я У Ь И И Ф
```

УПОМИНАТЬ	ВЛИЯНИЕ
ДОБРОЕ	ЧИСЛО
ИСПУГАННЫЙ	ОСТАНОВИЛСЯ
ДЕЛЕНИЕ	БАССЕЙН
ГУСТОЙ	УКАЗАТЬ
МОЛОДОЙ	ЗАПАДНЫЙ
ПРОСЛЕДОВАТЬ	ЗВЕЗДЫ
КОЙОТ	ИССЛЕДОВАНИЕ
ТОЛКАТЬ	КУКУРУЗЫ
ПРОИСХОДИТ	СПЕШКИ

Puzzle 41

```
У М Е Р Я Г Н Е Н О К И П П К
Г А Л С Т У К У Е Т Е З И Р О
О Б У Ч Е Н И Е Е Р О Д Л Е М
И У З Н Е Д А В Н О П Е О Д П
Ь Т А Д Ю Л Б А Н Т О В Т О Л
М С Б Д Т А Д Б Е М Л А О К Е
С Е Ы Н Ь Л Е Д Т О У Т Л С К
И С Л Л И А У А И Д Ч Ь Е Л С
П Ц А Р С О Р У Н Т А С О Ы А
С Ч А С Т Л И В Ы М Л Я П Ш С
С И У С И С Т Е Е И И М А А Т
К О Р И Ч Н Е В Ы Й Н Р Р Т У
Л С О Л И С Т О В А О П Д Ь Л
И Ь Т И С А Л Г И Р П Ф Т У Р
```

КОРИЧНЕВЫЙ	ГАЛСТУК
СЧАСТЛИВЫМ	ЛИСТОВ
ПИЛОТ	ОБУЧЕНИЕ
ЛЕОПАРД	ПОЛУЧАЛИ
ОТДЕЛЬНЫЕ	СТУЛ
НАБЛЮДАТЬ	ПОНИ
ИЗДЕВАТЬСЯ	СЛЫШАТЬ
НЕДАВНО	ЗАБЫЛА
ПРИГЛАСИТЬ	ЯГНЕНОК
КОМПЛЕКСА	ПРЕДОК

Puzzle 42

```
О У Р У Е В О С Е М Ь О О Т Р
Т В Й Ы Б О С О И Т М Ы Т Ь Е
Н Е Р У У А Н Л Н Я С О Е С У
О Л Е И М О О О Е С У Е Г Т И
С И Н И У Р И Г Л О Т А М И Е
И Ч А Р Е Н Д А В О Т П Т В А
Т Е Е М Н О Т П А Р Т С Н О М
С Н О З А Г О Г Р В И Р М К Г
Я И В Е Щ Ь Т И П Н А Т В Р О
У Е Ь Т И Т И Щ А З У Р Т И Р
П Р И В О Д У И Н Л С С П З Я
Б Л А Г О Р О Д Н Ы Й П Р И Ч
Л Е А О С П У С Т О Т А Н С А
П О Г И Б Н У Т Ь Г Ц С Т А Я
```

ВМЕСТЕ	ОТНОСИТСЯ
ПРИВОДУ	ПУСТОТА
ГОРЯЧАЯ	МЫТЬЕ
НАПРАВЛЕНИЕ	ПРАВА
АРЕНДА	ОСОБЫЙ
ЗАЩИТИТЬ	ВОСЕМЬ
ГАЗОН	КРИЗИС
ПОГИБНУТЬ	БЛАГОРОДНЫЙ
МОНСТРА	УВЕЛИЧЕНИЕ
ВЕЩЬ	ГОЛОС

Puzzle 43

```
А И И Г О Л О И Б С У О Ф Р И
В О Р О Н И Ф Т Е М Н Ы М Н О
У В И М М Ч А М Б И Ц И И У С
С Ц О Н Р Н Я Б Л О К О Е Р О
З Е Л Й Т Ы Т Т О И Т И У И О
О Н У Е Л Х Р И Л Е Ь Р Щ М Л
Н Т Ч О У О И Д У О Т Л С Я В
Т Р Ш М Т В Ч И К У С Р А Б А
И А Е Д М И Ы Н С Е О Л П С Р
К Л Е У Е Л Ш З У П К Б Е Н Е
О Ь У Н Л И К Л О Ю Р Т О Р Ж
С Н И Д С О О И А В У О Е С К
Т О Е П А А Л Г О Р Ш О К О И
В Й С Т А Р Ы Е Г О Р О Х Е Т
```

ЯЩИК	ЛИЧНЫХ
ЯБЛОКО	ВЫЗОВ
БАРСУК	КОСТЬ
ВОЙЛОЧНУЮ	ЛУЧШЕ
ЗОНТИК	ЦЕНТРАЛЬНОЙ
ВАРЕЖКИ	СТАРЫЕ
ЛУК	ГОРОХ
БИОЛОГИИ	ТЕМНЫМ
АМБИЦИИ	ГОРШОК
ШКОЛ	ВОРОН

Puzzle 44

```
Е  К  Т  М  У  А  Н  Б  Н  П  П  Н  Р  Б  П
О  О  Н  С  М  М  Т  С  И  М  О  Д  А  О  О
В  Н  Е  Р  Д  А  Л  А  Р  М  П  Ю  Б  Л  С
Ц  Т  И  И  А  В  Ч  О  П  У  Ы  Л  О  Е  В
Ы  Р  П  Е  В  С  Н  Н  И  С  Т  Б  Т  Е  Я
И  А  М  Е  И  Е  С  И  С  И  К  Р  Н  Х  Т
С  С  О  В  Л  А  Р  К  К  С  А  Е  И  Ы  И
Е  Т  И  К  С  И  А  И  А  О  А  В  К  Т  Т
Т  Н  Н  Л  Е  Р  Е  Ч  И  З  Г  И  Е  А  Ь
У  О  М  А  Г  Е  Р  Е  Б  Т  Ч  Д  И  В  С
М  И  У  Д  У  В  Л  Н  И  О  П  И  А  О  И
Р  Е  Л  И  Г  И  О  З  Н  О  Г  О  К  Н  Е
А  С  Р  Т  П  Т  Ю  У  Д  Т  Е  Н  Н  И  С
С  Н  Е  М  И  У  У  К  О  В  С  Т  Л  В  И
```

ПОСВЯТИТЬ	СЛИВА
РАБОТНИК	ВЕРБЛЮД
КУЗНЕЧИК	ДУЮТ
РЕЛИГИОЗНОГО	БОЛЕЕ
ПОЧВА	БЕРЕГА
ДАЛ	РАССКАЗЧИК
ДОМ	ВКЛАД
ТЕННИС	НИКОГДА
ВИНОВАТЫХ	КОНТРАСТ
ПОПЫТКА	ОВЦЫ

Puzzle 45

```
Т У В А Ж Е Н И Я Е Т М Е С Д
Й Е П Р И Й Т И И Е Л Е Ж Л А
Л И Д Е Р Н А Б А Р А Б Е У Л
О Н К Н О Р У С С П Р Е Г Ч Е
Р А С Т О Р У С У У Ф Л О А К
У В Р Е С С И Н Х М Т Ь Д Т О
Н И Е У Р Е К О О О Т Н Н Ь У
Л Ш В И Н О Ж И Й М М Ы А С М
Ю У Т Н Г И Т С О Д Й Я Я Ы
Р Л Б Л О К Н О Т К С У О Ф Л
Р С М О У О Е Ж К А Т Т У Л О
С О П П У М И Н П Н У В О М Р
М Р Р Т Ф Л У Н А З Р Л О П Л
Е П П Ч Е Л И Н Ы Х Л М О О Р
```

ЕЖЕГОДНАЯ	МЕБЕЛЬНЫЙ
СУХОЙ	ДОСТИГНУТУЮ
МЫЛО	ПРОСЛУШИВАНИЕ
ПРИЙТИ	ДАЛЕКО
СТО	УВАЖЕНИЯ
СЛУЧАТЬСЯ	ПЧЕЛИНЫХ
ЗНАКОМОМУ	БЛОКНОТ
ЛИДЕР	БАРАБАН
ВИНО	ТАКЖЕ
ЖЕСТКИЙ	НОСКИ

Puzzle 46

```
Б  А  Т  Р  У  Ь  Т  А  Х  У  Б  У  Ф  С  Т
О  Т  Е  Н  П  Т  Ч  Е  Т  К  И  Е  Е  Т  И
Л  П  Г  М  Д  А  Н  Р  Р  М  П  С  Ж  Р  П
Ь  С  У  С  Е  Ж  Й  О  А  Н  М  Ф  И  Е  И
Ш  Н  М  Н  Р  Е  Ы  П  М  С  Е  А  В  К  Ч
И  Е  П  П  О  Л  Н  О  С  Т  Ь  Ю  Ы  О  Н
Н  Г  Р  Р  У  А  М  В  С  И  Р  Д  Е  З  О
С  О  Е  Е  О  Ф  У  П  Р  И  Н  Е  С  Ы  Й
Т  В  Е  И  К  Ф  В  Е  Л  О  С  И  П  Е  Д
В  И  А  И  Ц  А  Е  Е  О  П  А  К  Н  У  И
О  К  Ф  Е  Е  А  И  С  Н  М  У  Р  П  Е  Е
О  Т  Д  Е  Л  Ь  Н  О  С  У  Т  А  Л  А  С
О  Т  У  П  Д  Т  Н  М  С  О  П  М  Я  Е  Е
З  А  К  О  Н  Ч  И  Т  Ь  П  Р  Р  Ж  А  В
```

ЖИВЫЕ
ЗАКОНЧИТЬ
ВЕЛОСИПЕД
ПРОФЕССОР
ВНЕ
БУХАТЬ
СТРЕКОЗЫ
УМНЫЙ
МАРКИ
ПРИНЕС

СНЕГОВИК
ПЛЯЖ
САЛАТ
ОТДЕЛЬНО
ПОЛНОСТЬЮ
ТИПИЧНОЙ
ЧЕТКИЕ
БОЛЬШИНСТВО
РЕКА
ЛЕЖАТЬ

Puzzle 47

```
Б А Р Е О В О С Н А Н И Ф К Н
И Ы М У У Б Н О С О Р О Г О Е
Ц С С П Е Е Н Д Е Л С О П П Д
С Б У Т Т М С А Р И Н Д А Ы Е
А К Ш О Р О П Р Р И М В Т Т Л
С Т Е В Л О Т И Е У С Л Е О Я
А Р О Д И Р О К М А Ж Л Л Н С
Ц С Н Л И Д Л Ф И Ф А И О Т П
Т Я Ф У Е У Е Е Р П Р Л Т И А
К О Л Б А С Ы Т П Т И Т Р Ь Л
А Н Т И Ч Н Ы Й Ь Т Н П Е Н Ь
И Д Е Н Т И Ч Н О С Т И В Е Н
Н Е Н Е О Б Х О Д И М Ы Ф Д Я
С Л О М А Н Н Ы Й А Е И Е Е А
```

БЫСТРО
ВИДЕТЬ
АНТИЧНЫЙ
НЕДЕЛЯ
ПОСЛЕДНЕЕ
НЕОБХОДИМЫ
ДЕНЬ
ПРИМЕР
РАД
КОПЫТО

ВЕРТОЛЕТА
КОРИДОР
НОСОРОГ
ПОРОШКА
ОБНАРУЖИТЬ
СЛОМАННЫЙ
СПАЛЬНЯ
ИДЕНТИЧНОСТИ
КОЛБАСЫ
ФИНАНСОВОЕ

Puzzle 48

```
Р  М  Н  Д  К  Р  А  С  К  И  П  И  У  С  Д
И  Е  У  Р  О  К  Ь  Л  О  Т  Р  Г  Т  Л  У
Ц  Д  У  В  Р  Б  П  И  С  Н  О  Р  Р  Е  Б
Н  И  М  Р  Е  Т  А  Т  Р  М  Д  И  Е  Д  Л
Д  Ц  П  И  Е  С  К  В  Р  М  У  В  Н  У  И
Е  И  Е  У  И  И  С  Е  И  В  К  Ы  Н  Ю  К
Й  Н  М  Ф  И  М  У  М  П  Т  Т  Й  И  Щ  А
С  С  М  А  А  А  К  О  С  А  Ь  Л  Й  И  Т
Т  К  П  О  М  И  Л  О  В  А  Н  И  Я  Й  И
В  О  А  Д  М  И  Н  И  С  Т  Р  А  Ц  И  Я
И  Й  П  Р  И  Ч  И  Н  Ы  Т  А  Л  А  Н  Т
Я  С  П  Е  Ц  И  А  Л  Ь  Н  О  Г  О  Ф  М
Б  Е  З  О  П  А  С  Н  О  Г  О  И  Р  Р  М
З  Н  А  Л  А  О  Б  Е  Д  Е  Н  Н  А  Я  Р
```

АДМИНИСТРАЦИЯ
ОБЕДЕННАЯ
ИГРИВЫЙ
КРАСКИ
СПЕЦИАЛЬНОГО
ТОЛЬКО
ДОБАВИТЬ
ПРОДУКТ
ПРИЧИНЫ
ДУБЛИКАТ

СЛЕДУЮЩИЙ
ТЕРМИН
ЗНАЛА
ДЕЙСТВИЯ
ТАЛАНТ
МЕДИЦИНСКОЙ
БЕЗОПАСНОГО
УТРЕННИЙ
ПОМИЛОВАНИЯ
КУСКА

Puzzle 49

А	И	Ц	Л	Й	Е	П	Б	Я	М	П	Е	М	В	В
Г	О	А	Л	А	Р	Г	И	Ы	В	О	П	Е	Н	М
С	Т	В	Р	Л	С	А	У	О	О	Д	П	Щ	Е	Г
И	Т	Т	О	С	Е	Т	Е	А	Б	Д	Л	И	З	У
Т	Е	Н	Е	В	О	Е	И	Т	О	Е	М	В	А	С
Б	Ы	И	М	Н	Д	С	Е	К	Л	Р	М	О	П	А
О	Н	Н	П	И	М	П	И	Е	О	Ж	О	Р	Н	К
Л	Р	А	Т	Й	А	С	М	Ф	Ч	А	Л	К	О	А
Ь	И	Д	Т	Е	Р	Е	Н	Ф	К	Т	Г	О	С	У
Ш	М	Ж	Ф	С	И	Е	М	Э	И	Ь	У	С	Т	Т
О	Р	А	П	Р	О	И	З	Н	О	Ш	Е	Н	И	Е
Г	В	Р	В	Ы	П	О	Л	Н	Я	Й	Е	Е	М	О
О	О	Г	О	Г	У	Р	Д	М	П	И	С	У	Е	Н
П	О	Р	Т	Р	Е	Т	Н	Ы	Х	Р	Е	У	Е	П

УГЛОМ
ЭФФЕКТ
МИРНЫЕ
ПРОИЗНОШЕНИЕ
ЛАСТИК
ДРУГОГО
ЛАЙ
СКОРО
ГУСАКА
ВЫПОЛНЯЙ

САЙТА
СОКРОВИЩЕ
ГРАЖДАНИН
ВЫИГРАЛ
ОБОЛОЧКИ
ТЕНЕВОЕ
БОЛЬШОГО
ПОРТРЕТНЫХ
ВНЕЗАПНО
ПОДДЕРЖАТЬ

Puzzle 50

```
Ш Е М М У Т О Р Т С О Р О К Р
К Э К О Н О М И Ч Е С К О Г О
О И Е Л Е Ы Ф Т С Б Я А Ц Й Я
Л Н С Е И О С Е Р Л П Д С С У
Ь Т И Р О П С Н И Ю Т Р Я М Г
Н Т Б Е Я И У Ь А Д И Е Т Д У
О С Р П Д М Ф П Ь А Т С О П Б
Г П О Б Е Д Н О Т Ы И Е Н Р Ы
О Р К Д Е А А А А С С А Л К Ф
О О К Т Ж Р И И Т Е И Ф Н М Е
Е С О У А Т И С У Т Р У М Т Т
И А Л И О И Н Е П И У Р И Т Д
Ы Ц И Н А Р Т С А М Р У Е Ф П
И И И Т У Т Е Т З Р И Ц Г Ц Т
```

БЕДНОТЫ	СПРОС
СПОРИТЬ	БЛЮДА
СОРОК	КЛАССА
ЗАПУТАТЬ	ЯЙЦА
ГУБЫ	ПЕРЕЛОМ
ЭКОНОМИЧЕСКОГО	БРОККОЛИ
АДРЕС	ТЕНЬ
СТРАНИЦЫ	ДЯДЯ
ЕЖА	ШКОЛЬНОГО
СЫН	ТОРТ

Puzzle 51

```
Т  А  Б  У  Р  Е  Т  Л  Ж  О  К  Л  Р  Н  Н
П  О  Г  Р  О  М  Н  Ы  М  Е  Б  Е  Е  О  Н
Р  О  А  Т  М  Н  Ц  О  Р  Т  Е  У  С  О  Т
Н  Е  Г  П  Е  О  В  Е  О  Т  Е  Р  В  Я  Ю
Р  Т  Т  О  С  И  Е  Т  Н  И  М  А  Г  И  Л
С  М  Е  И  Д  У  Т  Е  Я  И  Л  В  О  А  Ь
И  К  У  Ч  У  А  К  Ы  Ь  Р  И  М  В  И  П
И  А  У  У  Т  Е  А  Н  П  М  У  Ц  О  Т  А
О  О  Ь  Т  А  Х  Ю  Н  Е  И  М  О  Р  Р  Н
С  Я  И  У  Е  А  Р  Е  Т  У  П  Р  Я  Л  А
О  Т  Е  А  Е  Р  М  Д  Р  И  Е  Е  Т  И  С
Л  У  Ч  Ш  И  Е  А  Й  О  П  Р  Е  Д  Е  Л
У  Ч  А  С  Т  И  Е  А  Ф  Л  Ы  Ж  А  Т  И
В  Н  У  Т  Р  Е  Н  Н  И  Й  Г  О  Д  М  Л
```

ВНУТРЕННИЙ	ОБУВИ
ГОВОРЯТ	ТАБУРЕТ
НЮХАТЬ	ПОГОДА
ГОД	СКУТЕРА
ФОРТЕПЬЯНО	ПРЕДЕЛ
КОЖ	ЦВЕТКА
ЛУЧШИЕ	КАУЧУК
ТЮЛЬПАНА	ЛЫЖА
НАЙДЕННЫЕ	УЧАСТИЕ
ВЛИЯЕТ	ОГРОМНЫМ

Puzzle 52

```
О Г А Д Т Р И З В И Н Е Н И Я
Ф О А Р П О А А Т О М Н Ы М И
Р Л Е Л Р О И З Е Е М С Т Р В
О О Й Ы Н Т Я И Р П О Г А Л Б
Н С П Н А С Ь Л Х Е Л Л Е О У
Т О О О Р О Д Ю О О Ш О Т Ф М
Ч В С Г О Р У Д А О Л Е М И И
И А М У Т П С Е Р М И М Н О С
С Н Е Т С П Е Й С Ц Н Н Е И У
Т И Я П Е Е Е Т Е Л Е Ф О Н Я
О Я Л Р Р Е Ч П О Р Я Д К А
Е Н И С В Н С П А П А Р Е Н Ь
П А С К Р А С К У Т Л О С У И
Я А Ь С Л О Ж Н О Е Ь Л Е М Е
```

СУДЬЯ
ГОЛОСОВАНИЯ
АТОМНЫМИ
КРАСКУ
ИЗВИНЕНИЯ
РЕСТОРАН
ПОРЯДКА
ХОЛМ
БЛАГОПРИЯТНЫЙ
ПАРЕНЬ

ФРОНТ
ТЕЛЕФОН
ЛЮДЕЙ
ПРОСТО
НОГУ
РАЗРЕШЕНИЯ
ПОСМЕЯЛИСЬ
ЧИСТОЕ
ПЕЧАТЬ
СЛОЖНОЕ

Puzzle 53

```
Б Н У Ф У С К О Б У О Е М Е С
П И М М И Л Г И П Е Ф С С Б М
О К З Ы О И Р О Н С И Т Й И П
К Ш Л Н Р Т А Р Е В Й А Р Д
А Ы У Ь Е Е А М Т Е Т А Ч Т У
Ч Р Р Л З С У И И Е Т Е У Е Е
И К О И О П А Л Е Ц К Ь Л О Т
В А Р Б П С В У Р О Т У С О Г
А Е Р А Б А А Е Е О Н П Щ Р И
Н Р Ь Т Я Н А З Е И Н Е Д И В
И Л А С С П А С Т Е Р Н А К Й
Я Е У Е А Г Е Н Т А С А Х А Р
М Т С Н Е С А Л Г О С Н И И Е
Ч И С Т Ы Й Е К К О Х О Е Е А
```

СЛУЧАЙ
ВИДЕНИЕ
СГОРЕТЬ
ТЕКУЩИЙ
ЗАНЯТЬ
БАР
ХОККЕЙ
БИЗНЕС
НЕСТАБИЛЬНЫМ
ПОКАЧИВАНИЯ

ДРАЙВЕРА
ПАСТЕРНАК
СОГЛАСЕН
БОКСУ
АГЕНТА
ОЗЕРО
ПАЛЕЦ
ЧИСТЫЙ
КРЫШКИ
САХАР

Puzzle 54

```
Е И Е Р У Р Р К А Д О Б О В С
О С Ш Т Я И Е О Б А Л С С П О
Е Н А У Е Р М Л П П Б У Т О Б
Ц Р Ы Ь М С Т О О И Р Р Р С И
Н И К Т О Ь С К Л О Р Я Е Т Р
Е И П Е Н Т Е О У Н Н Л Л О А
Т Г И Р М У М Л Ч Т Д Л Я Я Т
О Е Л Т И Н Ф Ь И Р С Е Т Н Ь
Л Л Ф О Е И С Ч Л Т Ц М Ь Н У
О И Ц М Д К И И П Д И И Я О С
П В С С У О А К У К Н Е Б Е Р
Л И Н С П П О Т Р А Ж А Е Т У
Ч Р Е З В Ы Ч А Й Н О Ц Е Н А
С П В О З М О Ж Н О Н Р Е Т О
```

СЛАБОЕ	ФУНТЫ
ЧРЕЗВЫЧАЙНО	ШУМ
ПРИВИЛЕГИИ	ОТРАЖАЕТ
СТРЕЛЯТЬ	СОБИРАТЬ
НОЖНИЦ	ЦЕНА
КОЛОКОЛЬЧИК	СВОБОДА
ПОСТОЯННО	ПОКИНУТЬ
ВОЗМОЖНО	НИКТО
РЕБЕНКУ	ПОЛОТЕНЦЕ
ПОЛУЧИЛ	СМОТРЕТЬ

Puzzle 55

```
С У К О Ф Н Р О В О Г О Д Ц О
У Ч Я Н А У Р Н Х С У Е Е И В
З И А К У М С У С О Д З Е Н Г
Д Э К С Ь А К Ш У Р Т Е П Е Т
О Т С К Т Е С И А У Н А М Ь У
Р О Е А Я Л Р Е Б Е Н К А В Т
О У Ч Т Н Я И Ф А Р Г О Т О Ф
В Ч И А О А Л В П Т В Л С Р Е
Ы И Т С Л Н Ы А Е Я М У Е О И
Й Т И Т К Ь Б И У Й Т Т Л Д С
П Е Л Р Т Л И М В Д Ш Н Г З Г
С Л О О О Ы Р У Л Т И У И Я Е
Т Я П Ф В П П Г У И А Г Ю Ц Ц
И С М А М М А Р Г О Р П Т О А
```

ФОТОГРАФИЯ
КАТАСТРОФА
ОТКЛОНЯТЬ
ОХОТА
ГНЕЗДО
МУКА
СЧАСТЛИВЕЙШУЮ
ПЫЛЬНАЯ
ЗДОРОВЬЕ
ЗДОРОВЫЙ

ФОКУС
ПРОГРАММА
ДОГОВОР
ПОЛИТИЧЕСКАЯ
РЕБЕНКА
ПЯТНИЦА
ЭТО
ПЕТРУШКА
ПРИБЫЛИ
УЧИТЕЛЯ

Puzzle 56

```
С У Г П М Т Н Й Ц И Р Е Д П З
П М Р А М Е К И Ч Ь Л А М А А
М О А У Д Н И Ч Г И Р Е Е П Т
О Н Ф З Я Л В О Г Р О Т Н Е Е
Д И И А Т И Н Б И Т О Ф П П М
Е Т К Ь Т А В А Н З У К М Р Е
Л О А Х Ы Н Т Р А Д Н А Т С Ш
Ь Р Н Е О О Е Ю Р Л И Т Л Т Е
У А И Е Ф М О И А Н И Ш А М С
Т И П А Н Е И У Е Н А О М Е Т
Р О С О У Н У Т Е И И О Е О Ь
Н С Л Ь Т А Ш Ы Д А С Ч Л И А
С О М Н Е В А Ю С Ь А Б А И И
П И У У М У Д Р О С Т Ь У Н У
```

ГРАФИКА	ТОРГОВЛЯ
МОДЕЛЬ	РАБОЧИЙ
НАЧИНАЮТ	ШЕСТЬ
МОНИТОРА	СОМНЕВАЮСЬ
МАШИНА	ПАУЗА
СПИНА	МУДРОСТЬ
ПАПЕ	АНЕМОНА
СТАНДАРТНЫХ	ДЫШАТЬ
МАЛЬЧИК	УЗНАВАТЬ
ИГРОК	ЗАТЕМ

Puzzle 57

```
П Р А В О П И С А Н И Я Е О И
И М П Е Р Е М О Т К А Е Ь Ф М
П Л О Т Н О Г О Е С Р Е Т И Х
П О Р А Д О В А Л О Е У И У О
К Ч Б П Е О А О В Б Ц В Ч Е Г
О У Р А Д Ы В Т И Р С У Е Н С
М В О П Е Л Т А Е О Т М П Р Я
Н С П М П О У Н З Т Т Т С Н А
А Т И С Р В А Ж Н Ы Й А Е Т Т
Т В П Т Е Й И С Н Т Т М Б Б А
У О П Т С У З А С У Х А О Р Г
Р Л И М С Б Д Е Т А Л Ь О Р О
Р П И Ю И Ц А К И Л Б У П Н Б
П А П У Я И Н Е Р Е М З И Т Р
```

ЧУВСТВО	ОБЕСПЕЧИТЬ
ПОРАДОВАЛО	ХИТ
ПЕРЕМОТКА	СЕВЕРА
БУЙВОЛЫ	ЗАВОД
ИЗМЕРЕНИЯ	ДЕПРЕССИЯ
ПАПА	ПЛОТНОГО
ЗАСУХА	ВАЖНЫЙ
КОМНАТУ	ПУБЛИКАЦИЮ
ДЕТАЛЬ	БОГАТАЯ
ТАМ	ПРАВОПИСАНИЯ

Puzzle 58

```
С С С И З М Е И Г Е П П Р И А
Л Ю Т В Е Е И Б А Ь Т О М Р Т
Е И Р А У И М У З Т Й Р Е Р Т
В И М П Н С Л А А Ы Ы С Е О
Ы М А У Р Ц Н К Е В Н В Т Р Т
Д М Л Е Р И И А И Р Ж Е Н Е О
А Е О Е О Т З Я Щ О О У Ы У Н
Ю М Ж В А И Е Е Ю З Р Й Й О Н
Щ А Н И Л А М Р Е А О Ф К В Е
И И Ы С П И Л К М Р Т Р Л А Б
М О Й П У С Т Ь И П С У О Н О
И Л С М А Р К Е Р Е О С У Н С
С П У П Р Е И М У Щ Е С Т В О
Я Т Т С Ъ Е Д О Б Н Ы Й А А А
```

ПУСТЬ	ОСТОРОЖНЫЙ
ИМЕЮЩИЕ	СЪЕДОБНЫЙ
СТАНЦИЯ	СЮРПРИЗ
КЛИПСЫ	ЗЕМЛЕРОЙКА
РАЗОРВАТЬ	ПРЕИМУЩЕСТВО
МАЛИНА	ПОРЫВ
КЛУБ	ОСОБЕННО
ВЕК	МАРКЕР
МЕСТНЫЙ	ГАЗА
ВЫДАЮЩИМИСЯ	ЛОЖНЫЙ

Puzzle 59

```
Х  И  А  Ю  У  Н  Н  Е  Р  И  М  С  О  Д  В
О  Н  Н  И  А  Я  С  Т  И  Д  Р  О  Г  Е  О
З  Ы  С  В  В  Е  С  Е  Л  Ь  Е  Р  П  С  С
Я  Т  В  Т  Е  Т  О  И  Ц  Т  В  О  О  Я  Х
И  С  А  Ю  У  С  И  Т  Е  П  Ы  К  Д  Т  И
Н  У  Л  Р  П  Д  Т  У  У  Д  Г  О  Х  И  Т
Д  П  О  Е  И  А  Е  И  А  Е  О  Н  О  Л  И
Р  И  Б  В  Д  С  У  Н  Ц  И  Д  О  Д  Е  Т
Р  Н  Е  Е  У  О  У  А  Ч  И  А  Ж  И  Т  Е
М  Е  С  Т  О  Е  В  Л  С  Е  И  К  Т  И  Л
В  Т  О  Р  Н  И  К  А  У  Р  С  А  У  Й  Ь
М  Е  Н  Е  Д  Ж  Е  Р  Т  С  О  К  И  Ц  Н
И  Я  Щ  Е  Р  И  Ц  Ы  Л  Ь  О  Ц  А  О  Ы
Д  Р  У  Ж  Е  Л  Ю  Б  Н  Ы  Й  Т  Р  Я  Й
```

ЯЩЕРИЦЫ
ХОЗЯИН
ВОСХИТИТЕЛЬНЫЙ
МЕНЕДЖЕР
ПОДХОДИТ
СМИРЕННУЮ
ДРУЖЕЛЮБНЫЙ
САД
ВЕРЮ
ИНВЕСТИЦИИ

МЕСТО
ГОРДИТСЯ
ВЫГОДА
СТУДЕНЧЕСКАЯ
ВЕСЕЛЬЕ
ПУСТЫНИ
ВТОРНИК
СЛЕДОВАТЬ
ДЕСЯТИЛЕТИЙ
СОРОКОНОЖКА

Puzzle 60

```
У П О Р Р У П П О П О Е Е Б К
П Р Л А С О О Н О У И О Е О А
Р Е Ы Р О Т О К Е Н Т Т Е Л М
А Д С У О У Р И О Т И Т Т Е Е
Ж У П Р И Н А Д Л Е Ж И Т З Н
Н П Л Т Е Д Н В С Л И Ш В Н Ь
Е Р С И С В Е Е З У М Ы О Е В
Н Е Б А Ч Д Ц А П Я Е М З Н И
И Ж М О Й Н С О О А Т А Р Н З
Я Д Ь Л О Р О К Ч Н П О А О И
О Е Е О Е С А Ц Т Ь И А С И Т
Н Н О С И Р А О А Л Ц Н Т Р У
И И В Ы Б Р А Т Ь И Ц У Н У А
У Я М О Т Ы Л Е К С А А Р Т Р
```

ВОЗРАСТ   ПИЦЦА
ПРИНАДЛЕЖИТ   МОТЫЛЕК
УПРАЖНЕНИЯ   БОЛЕЗНЕННО
ПРЕДУПРЕЖДЕНИЯ   ВЫБРАТЬ
ПОЧТА   НЕКОТОРЫЕ
КОРОЛЬ   СЦЕНА
МУЗЕЕВ   СИЛЬНАЯ
КАМЕНЬ   ЛИЧНО
МЫШИ   ВИЗИТ
МОЙ   ВЗЯТО

Puzzle 61

```
С С Е Г О Д Н Я Е Т А О Е У Н
О О М Н У Е О О А В Е Л С У О
М З Н М С И А К О С Ы У И С С
О У А Н З А Н А В Е С Ж Е С Н
Л Г М Б А Т Е И Н И С Е И Н Е
О Е Р Р О Я Т Р Е И Т С П Т А
Т Е Д И В Ч С Т Е С Т Р Т П Ь
Ы Б М Е М В Е У К О Р А Д О П
Х Е Н Л И Е У Н Е М А З Ф М П
А С О И М И И В Н Ф И Т М О Р
Н А М Е Р Е Н А Д Ы В Р М Ч Е
Н А Д Л Е Ж А Щ Е Е Й С Н Ь Т
Т О К О Н Ч А Т Е Л Ь Н А Я Ф
Х Е Д Ж И Р О В А Т Ь П У Н А
```

МОЛОТЫХ	СОКА
ПОДАРОК	ВЫЖИТЬ
ОЗАБОЧЕННЫЙ	СЛЕВА
НАМЕРЕНА	ОКОНЧАТЕЛЬНАЯ
ИДЕТ	ВНУТРИ
ЗАНАВЕС	ПОМОЧЬ
СОННАЯ	НАДЛЕЖАЩЕЕ
СЕБЕ	ХЕДЖИРОВАТЬ
СИНИЕ	ЗАМЕНУ
СЕГОДНЯ	СТЕНА

Puzzle 62

```
У Р И Р Н Е Н А В И С Т Ь К Д
М Т С Е И О М Е Н О И М Т Р У
А И Н Н И И С Е И Т Л С И А Ш
П Р О Б Л Е М Ы Ъ Т Ц Т Н С П
М Р Г С А М М И Т Б М Т А Н Л
С У О И Т У У Ц Е Т О Н Р О А
Н И С С Л Е Д О В А Т Ь Х Г С
Т Н В О Р Т С О Н Т Р Ь О О Т
А И О Б Е Р Т К И И И В С О Р
С П Е Ц И Ф И Ч Е С К О Й И А
П О Й М А Т Ь Ц Б К У Б Р О Н
П Р Е Б Ы В А Н И Е М Ю Б О Н
З А Х В А Т И Т Ь О Н Л Е П Ы
П О Л И Ц Е Й С К О Й С З Н Е
```

ПРОБЛЕМЫ	СТРАННЫЕ
СПЕЦИФИЧЕСКОЙ	ПОЛИЦЕЙСКОЙ
КЕКС	ОБЕРТКИ
ПРЕБЫВАНИЕ	НЕНАВИСТЬ
ИГРА	СОХРАНИТЬ
ИССЛЕДОВАТЬ	ОБЪЕМЕ
БЕЗ	ОСТРОВ
ДУШ	ЛЮБОВЬ
САММИТ	ПОЙМАТЬ
КРАСНОГО	ЗАХВАТИТЬ

Puzzle 63

```
И Т С Т У Г С К У Т Т С А Ц Н
Е П С А С П М Р Ф С А Т С Е Р
Э С Е Р И И А Ы Е Е Ж У У Р М
П К И Т Т С Г Ж У П Р Е У К К
О И З Л У А А О В Р И М С О О
К Н К А Я Т З В С Е П В Ы В М
А Ь У Л М С И Н Т К М О С Ь П
З Л П Е Ф Е Н И Р Р А П Л Т А
А И И Д Т Р Н К Я А В Р О Е К
Л Д Т С И А М У С С А О В Т Т
И О Ь Л О И Е У К Н П С О Р Н
Н Л Р Н А Р Е М И Ы М А Т И О
Е О Р А Б О Т У Д Й О М А О Е
Б Х Л Е Т А Ю Щ И Й Т У В П М
```

ВАМПИР
ВОПРОСА
СЕРИИ
МАГАЗИН
РАБОТУ
ВСТРЯСКИ
СДЕЛАЛ
КУПИТЬ
КРЫЖОВНИК
ХОЛОДИЛЬНИК

ФЕРМЫ
АРЕСТА
СЛОВО
УЖЕ
ПОКАЗАЛ
ПРЕКРАСНЫЙ
КОМПАКТНОЕ
ЭКЗАМЕН
ЦЕРКОВЬ
ЛЕТАЮЩИЙ

Puzzle 64

```
И  С  Д  О  Г  А  Д  А  Т  Ь  С  Я  О  Т  Е
У  К  Ч  О  Н  И  Д  О  З  А  Г  А  Д  К  И
Т  Л  Ш  Е  Л  К  О  В  И  С  Т  Ы  М  П  У
П  О  Й  Ы  В  А  Ч  Р  У  К  У  О  В  Е  О
Р  Н  А  М  Д  Е  Д  Р  У  Г  О  Й  З  И  У
И  Н  О  С  У  И  Л  Г  У  Р  М  О  Р  И  И
Г  О  С  Е  М  Ь  Я  И  Р  О  Д  Е  О  Ц  О
Л  С  Е  О  Е  Т  У  Д  К  А  В  У  С  А  С
А  Т  К  И  Т  И  Д  У  Л  О  Д  С  Л  Г  Ш
Ш  Ь  О  Е  Т  Ш  И  Л  У  А  Л  А  У  И  В
Е  И  Р  Л  О  Ч  З  Е  Е  Е  А  Е  Ю  В  Е
Н  Е  О  У  Я  У  А  Ж  Е  О  В  Р  П  А  Д
И  М  В  Е  И  Л  Й  Е  С  В  Н  Е  Е  Н  А
Е  С  У  Р  Ц  У  Н  Б  Ы  С  Т  Р  Ы  Е  О
```

БЫСТРЫЕ	ВЕЛИКОЛЕПНО
ШЕЛКОВИСТЫМ	ЗАГАДКИ
ДИЗАЙН	ВЗРОСЛУЮ
КУРЧАВЫЙ	ЖЕЛУДИ
ДОГАДАТЬСЯ	НАВИГАЦИИ
ШВЕДА	ПРИГЛАШЕНИЕ
УЛУЧШИТЬ	ГРАДА
КОРОВУ	СЕМЬЯ
ОДИНОЧКУ	ТЕМУ
СКЛОННОСТЬ	ДРУГОЙ

Puzzle 65

```
Б  К  Р  О  К  О  Д  И  Л  О  В  Ы  Й  Ф  Х
О  О  У  У  Й  М  Б  М  П  И  В  А  Т  И  Л
И  Р  Й  П  Ы  М  Е  Т  О  П  Ч  Т  А  О  О
П  Е  Й  О  Н  Ж  Е  Н  Т  А  А  У  Д  У  П
В  Р  Р  Т  Н  О  Е  С  О  И  К  С  Л  Р  К
Ы  О  И  Р  Е  Е  Р  Н  Е  У  И  С  О  О  А
Б  И  А  Х  В  Т  З  А  Я  Ц  Т  Ф  С  Р  К
Р  П  О  Г  О  Н  Ь  Л  Е  Т  И  Т  С  А  Р
А  С  Е  Н  Д  Т  С  Л  Е  Р  О  А  И  Е
Л  У  А  П  Г  И  И  О  Е  И  К  С  О  Л  П
А  Б  О  У  М  М  Б  Т  Е  Я  Л  Е  Р  Т  С
С  О  П  Р  О  В  О  Ж  Д  А  Т  Ь  Н  М  Н
Т  Л  М  Е  Н  Е  П  У  Р  У  Е  С  Л  Н  Ф
И  Г  Т  О  Р  Г  А  Н  И  З  А  Ц  И  Я  О
```

КРИТИКА	ВЫБРАЛА
НЕЖНОЙ	ЗАЯЦ
ОРГАНИЗАЦИЯ	СОПРОВОЖДАТЬ
МГНОВЕННЫЙ	ТЕМЫ
СТРЕЛЯЕТ	ПРИХОДИТ
ПЛОСКИЕ	РАСТИТЕЛЬНОГО
БОЙ	ЧУЛОК
СОЛДАТ	ПОБИТЬ
ГЛОБУС	КРОКОДИЛОВЫЙ
ПИВА	ХЛОПКА

Puzzle 66

```
О Б Т П Н К Й У Ы М Р О Ф Е Р
С А В О Т И О Р Р Р И Н З И Ж
О Л О Я Р И Х Р С О Ф Е Н А В
Б К У В Е Г И Р Т Т М Ц Р И Ф
Е О С Л Т Н Т У О Ш А Ф Ь Л Э
Н Н Е Я Н А В Ы К О В И Р У А
Н С П Е И Н А В О З А Р Б О С
О А Ь Т И Т С О Р П У С В Ц У
С В И С И И Е Р Н М М С Ы О У
Т К М Я И С С И М О Е Т С Р Р
Ь И О Н Н Е Р Е В У С Р Е Л А
Р П Т Ш У Т В С Т Т В М Н Ф Д
Т С Н Е К С О О Б Щ Е Н И Е Е
М М Я Р У А В Л А Ж Н О С Т Ь
```

УВЕРЕННО
ЭЛЬФА
ОБРАЗОВАНИЕ
НАВЫКОВ
КОРТ
РИФМА
БАЛКОН
УПРОСТИТЬ
ЖИЗНИ
МИССИЯ

ОСОБЕННОСТЬ
КОШКА
СООБЩЕНИЕ
РЕФОРМЫ
СЫРА
ТИХОЙ
ШТОРМ
ВСЕМУ
ПОЯВЛЯЕТСЯ
ВЛАЖНОСТЬ

Puzzle 67

```
С Д В Е Н А Д Ц А Т Ь П М Ф Л
Л И К Р О Л И К А А У Р П А О
Л О Д В И Т А М И Н Ы И Ш Р Ф
Н Ь Р Е О В И С А Р К Г Е П М
О Т Е Ц Н П Т В Д Е В О И И Р
И И К Б Н Ь Е Т Ь Т И Т А Л П
А Т П Р А М Е Т Л Е С О А Е Я
Е А О О Ы Б У Л М Н И В В Е О
С Р П Е И Ш У Т С О С И Ф С Н
И К Ы Т С А К Ш Л Т Л Т У Л М
И Е Т Е М Е А А К Н Е Ь Е О Е
Т Р К О Е Т Н У И А З Л Р М Е
У П И И И О З А Ц О А Р И А М
О Д И Н Н А Д Ц А Т Ь Т И Л Т
```

ТОНЕТ	КРАСИВОЕ
ОДИННАДЦАТЬ	БАБУШКА
ОТЕЦ	ШЕИ
ПРЕКРАТИТЬ	СЛЕЗА
ПЛАТИТЬ	ЦИКЛ
ВИТАМИНЫ	СИДЕНЬЕ
КРОЛИКА	ТЕМА
ПРИГОТОВИТЬ	КРЫШКА
ПОПЫТКИ	ЗНАК
СЛОМАЛ	ДВЕНАДЦАТЬ

Puzzle 68

```
Г Р А В И Т А Ц И Я И Т П Д Н
О Т В Л Е К А Т Ь С М И О О Ц
О Б О Н А К О Р Т С Е И П Т С
К Р А Б Ы П П И С А Т Ь Р У Т
П Р М У Г У У И О У Е И О Е И
О А С У Я С Т И М Е Р Т С И Р
С Т И А С В Т О Е А С М И С Н
Л Р М О Г У Щ Е С Т В А Л Р С
Е У Е О Н З А Л О Д О В И У К
Д М С Д А Р П Т И И Р М И С У
Н З А П К П Е Н М Т И С О Н К
И А Р Д Е О Л Г А З Е Т А О Л
Е Л В С У Х П И Ц У И С Т В А
П Е О У Н М А Г А З И Н А А У
```

СМИ
МОГУЩЕСТВА
КРАБЫ
СТРОКА
ПОСЛЕДНИЕ
СТРЕМИТСЯ
МОСТ
ОТВЛЕКАТЬ
ГРАВИТАЦИЯ
ПИСАТЬ

ПОПРОСИЛИ
ВОДОЛАЗНОЕ
УПАЛ
КУКЛА
УСПЕХ
СНОВА
ГАЗЕТА
ЗАЛЕ
МАГАЗИНА
РЕДКО

Puzzle 69

```
П Н А О С О Г Е С В И П С Р А
Е Е Ц О Т П О И У Ф А О П У С
Р А И Ы А О Т С Е Е Н Л Е Р Н
И Р Л Ц Т Р Х У Е Ы И У К О А
О Е Р И Т О В У О Н М Ч Т Б П
Д Е Л Т Е Ж О М Д Б Ь А А К Р
А И Ф П М Н И Д Е О О Ю К И А
П Я У Ф У И И К Т Д Ж Т Л Й В
С А М Ы Й Т Р С Р У И Н Ь Б Л
У А Е Ы М Ь Р Ю Т Е Я Т И Ф Е
В З В Е Ш И В А Т Ь С А О К Н
И Р Т П О Л У Ч И Т Ь С П О И
Д Р Е В Н И Е Е Л И Я Р П И Я
М Н О Г О Ч И С Л Е Н Н Ы Х Т
```

ROБКИЙ
КРЕСС
МНОГОЧИСЛЕННЫХ
ОСЕНЬ
УДОБНЫЕ
ТЮРЬМЫ
ОПОРОЖНИТЬ
ПЕРИОДА
НАПРАВЛЕНИЯ
ПОЛУЧИТЬ

СУП
САМЫЙ
ПОЛУЧАЮТ
ПТИЦЫ
СПЕКТАКЛЬ
ХУДОЖНИК
ВЗВЕШИВАТЬ
МОЖЕТ
ВСЕГО
ДРЕВНИЕ

Puzzle 70

```
Д О М И Н И Р У Ю Щ И Й С У Е
О М К О М М Е Н Т А Р И Й У М
П Л В Ы С Ш И Й Т М У Л Р Ч Т
Л Р Е И Л Р Т Т Р А Е Е Н И О
И Е А Н О И Й П У С Н Д У Т Т
О О О В Я Е А С П К И Е Т О
А Т Н Т А А Н А О А О С Л И У
Л А М П А Я Т Е О И Р М Г Е М
И З У Ч И Т Ь М Й Т М О О Р У
З А П А С Л Ы С О П Л Т У С Я
У Д У К Л А Б Ы Р Н Е Д У Р В
П О Н И М А Ю Т О И Н Ы Т Е Б
С Р Д В А Д Ц А Т Ь И Х Н Е У
Ш Л Я П А Т М Т В С Е П О В Л
```

ЛАМПА	УЧИТ
ВЫСШИЙ	ШЛЯПА
ПРАВАЯ	КОРМЛЕНИЕ
САМА	ОТДЫХ
ДВАДЦАТЬ	ПОСЫЛ
РЫБАЛКУ	ИЗУЧИТЬ
ВТОРОЙ	ПОНИМАЮТ
ОЛЕНЯ	ЗАПАС
СИДЕЛИ	ДОМИНИРУЮЩИЙ
НАЙТИ	КОММЕНТАРИЙ

Puzzle 71

```
Д О С Т И Г А Ю Т М О П П М У
У Ь М Т О Ф А К Н М Т Р Р О Е
М Т С Н У И Т О В О Р О О Т И
С А И Д Л О Р Ч В Н А Г И Ы В
Т Ж Б Р И С Я А Н Е В Р З Г М
П Р Е З И Д Е Н Т Т Л Е В И У
Ф Е Р Т Д О Н З Т Ы Я С О У Е
Н Д Т И Т Ю Б О У А Ю С Д Ш И
Н Т С В Н У Й Щ С Н Щ А С Е И
Н О Я О Т Л Л М Е Е И К Т Д Т
П Р Е Р В А Т Ь О Г Й Р В Ш А
С П О С О Б Н Ы Й В О О О У О
И Н Д Е Й К У И Р М Т Б Л Ю И
Т Е Т Я А Г О Р О Д Н С А Е Н
```

ДОСТИГАЮТ	УШЕДШУЮ
ОБЩЕГО	ПРОИЗВОДСТВО
ДЮЙМОВ	СПОСОБНЫЙ
ОТРАВЛЯЮЩИЙ	ТЕТЯ
ДЕРЖАТЬ	ЯСТРЕБ
ПРЕРВАТЬ	ПРОГРЕССА
СБОРКА	ГОРОД
МОТЫГИ	ЗНАЧОК
ЛЕВ	ПРЕЗИДЕНТ
ИНДЕЙКУ	МОНЕТЫ

Puzzle 72

```
М В П Р И Г О Т О В Л Е Н И Я
З А М О Р О З И Т Ь М В С Е П
С Б О Л Ь Н О Й О Н Т Ы О Л Р
Б С П С М О Т Е Л Ь А Д С Ш А
О О И З М Е Н И Т Ь Р У Т О В
Ь Б И Т Е П Е Р Ь Е Е М Р У И
Т О Щ Т У С Е С Л О Л Ы А Е Т
С О И Е С Я Е Е Е Н К В Д И Е
О О У А Й Я Е У С Н А А А И Л
Н Е З А В И С И М О Е Т Н М Ь
С О П С А О И И У Л А Ь И Е С
А П У У И Е Л Л И К Ф С Е Т Т
П Я Т К Е С Л О Е А У У Л Ь В
О И Г В А В И У Г Н В О Р Т А
```

ИМЕТЬ	ЗАМОРОЗИТЬ
НЕЗАВИСИМОЕ	ГОЛОВА
БОЛЬНОЙ	БОИТСЯ
СОСТРАДАНИЕ	ШОУ
ТЕПЕРЬ	МОТЕЛЬ
ОБЩЕЙ	ПРАВИТЕЛЬСТВА
ВЫДУМЫВАТЬ	ОПАСНОСТЬ
ПРИГОТОВЛЕНИЯ	ВКУСА
ЛЕС	ТАРЕЛКА
ИЗМЕНИТЬ	НАКЛОННОЕ

Puzzle 73

```
Б О Б С У Ж Д Е Н И Е С О О О
П О С П Р О С И Т Ь Т О Г Т Б
Л А Л Н Р А И Л И А Л Х Р Ч Н
Е К И Ь У К Р А С Т Ь О О А О
Ч Н С Ф Н Й Р О М И Т Д М Я В
О И В О А И И Р З Б И Е Н Н Л
П Ж С И Н Щ Ц Н А Р Ж Е Ы Н Е
Е Е Р М Е Я Н Ы С О О Е И Ы Н
И Н Т И Е О Р Л Е О Л И У Й И
И С Ф У Р Т У С Д И Т Д Д О Е
А Т Д Ф Х С Л Т А И О М П У С
М М Н Е Т А Й Ы Н Ь Л А Р О М
О Б Щ Е С Т В О И Н А Е Е Р Т
К А Р А Н Д А Ш Я Л Е У О Е М
```

ОБСУЖДЕНИЕ	ОТЛОЖИТЬ
БОЛЬНИЦЫ	СОН
УКРАСТЬ	ОТЧАЯННЫЙ
ОГРОМНЫ	ОРБИТА
СНЕЖИНКА	МОРАЛЬНЫЙ
СПРОСИТЬ	ХОД
ОБНОВЛЕНИЕ	ОБЩЕСТВО
ПЛЕЧО	СТОЯЩИЙ
КАРАНДАШ	ПЕТУХА
ИЛИ	ЗАСЕДАНИЯ

Puzzle 74

```
Е  С  П  П  А  М  И  У  О  Г  О  Н  М  Р  Е
Р  Д  А  Г  О  Л  И  И  Б  Ф  Т  Ф  Н  Р  Р
С  Е  Р  Р  Е  Я  Н  М  Я  Т  Т  Б  Л  М  М
Р  Л  Т  Я  Е  Ю  С  А  З  Е  Ы  Б  У  Р  Г
Т  К  А  З  Е  У  Н  С  А  М  М  Е  А  К  У
И  У  А  Н  М  Н  К  А  Н  П  Т  Е  Д  Р  С
С  Е  К  А  А  Ч  М  Ч  Н  Д  О  Ц  О  О  Л
О  Р  Н  Я  С  И  Е  Р  О  Т  В  А  М  Ш  У
Л  Т  Е  Й  Ы  Л  Е  М  С  Б  Л  И  А  Е  Ж
О  Ц  Ц  Д  А  З  Р  Р  Т  П  А  Е  Ш  Ч  Л
Т  Н  О  Е  И  А  У  П  И  Л  И  Б  Н  Н  И
О  Ц  И  Б  Т  Р  И  И  С  М  Р  И  И  Ы  В
Н  Т  Т  О  Н  Е  С  М  О  Т  Р  Я  Й  Й  А
Д  Е  Й  С  Т  В  И  Т  Е  Л  Ь  Н  О  У  М
```

ГРЯЗНАЯ	ДЕЙСТВИТЕЛЬНО
МНОГО	РАЗЛИЧНУЮ
АВТОР	КРОШЕЧНЫЙ
ОЦЕНКА	ЛОСИ
БАБОЧКУ	ТЕМП
ДОМАШНИЙ	ГРУБЫЕ
СДЕЛКУ	СРЕДИ
УСЛУЖЛИВА	ОБЯЗАННОСТИ
СМЕЛЫЙ	ОБЕД
ПОЯС	НЕСМОТРЯ

Puzzle 75

Д	И	Т	Р	А	С	Р	Л	В	Л	Е	Е	У	И	Й
О	О	О	Т	Л	С	И	Е	А	Ю	Т	С	С	А	Ы
И	Р	Ж	Л	И	К	П	Н	Ш	Б	А	Т	Л	М	Н
Е	С	А	Д	Т	И	А	У	Е	И	А	К	Ы	Т	В
У	Л	П	О	Е	П	С	Р	Н	Л	И	Р	Ш	Я	И
Е	С	Л	Л	Р	В	Т	Л	Ь	К	Ф	О	А	А	Т
А	М	Е	И	Т	У	У	Н	Ц	Е	Т	М	Н	Н	А
М	У	В	М	С	К	Е	Ю	Р	М	Р	Е	Н	Я	Т
А	С	Д	У	В	О	И	Е	А	Ь	Н	А	Ы	Р	Р
С	Ц	Е	Н	А	Р	И	Й	О	Т	Е	М	Й	Б	О
Д	Н	Д	О	Б	Ъ	Я	С	Н	И	Т	Ь	Ч	Е	П
Е	Ц	М	У	Т	О	Р	Н	О	Ш	И	С	Т	Р	П
Т	Е	Ф	П	П	О	С	Е	Л	Е	Н	Ц	Ы	Е	И
И	Л	Е	Ч	Е	Н	И	Е	П	Р	Л	Л	О	С	У

ПОРТАТИВНЫЙ   ПЕЧЬ
ПУНКТ   ДЕТИ
ДОЖДЕВУЮ   РОК
УСЛЫШАННЫЙ   СЕРЕБРЯНАЯ
ПОСЕЛЕНЦЫ   ВСТРЕТИЛА
КАРЬЕРА   ЛЮБИЛ
ВАШ   СЦЕНАРИЙ
ДЕД   ЛЕЧЕНИЕ
КРОМЕ   МУТОРНО
РЕШИТЬ   ОБЪЯСНИТЬ

Puzzle 76

```
М М К А Н А Р Е Й К А И И Р М
Т С К А Ч О К Е А О С А Т Д А
О О М Е Т Д А Т И Г А П Р М М
И Ф Е Т А И Н Й О О И Т О Е Е
А И Ы У В Р О У С Н Е О П Р Ь
З Ц Т М Е Е И Р Р Н М О М П Т
О Е И К Р И Т И Ч Е С К И Й И
Н Р А И Е О Е Л Р Ш У Н И О В
А Н П Р Д Д Ф У У У Р П И Н А
З А Д А Ч У Л Г Р С А Н С Д Л
К А Ж Д Ы Й Р Е У Ы Г Т Е О П
Г С Л Е Д И Т Р З В А С О Р С
Ш Т А Т Н Ы Й Т Е У Н Р Л Р А
Д О С К А Т С О А О А Ф С Е Р
```

КАНАРЕЙКА	ЛЕДИ
КАЖДЫЙ	ШТАТНЫЙ
ДЕРЕВА	СПОРТ
УЗЕЛ	ЗАДАЧУ
ФОРМЫ	СКАЧОК
УРАГАНА	ДОСКА
КРИТИЧЕСКИЙ	ОФИЦЕР
РАСПЛАВИТЬ	ОТРЕГУЛИРУЙТЕ
ИМПОРТ	ВЫСУШЕННОГО
РОДНОЙ	ЗОНА

Puzzle 77

```
В И Н Р Р Л О Д К И Л Е Н И У
Р Ы Р Е Б Я Т А П Н Ю Е Е Й Ч
Е А С М Н Л С И О Н Б Д Т Е Р
А О С О А И А С Ц Л Я О Е Л Е
Я Ы Ф Ш К Л Ч Н Е И О П Р Е Ж
Н Н Р Н И О С У Л И П И П Ч Д
В И Т Е Н Р Й Т У Е А С Е А Е
Д З Т О Х Е И Е Й Т С Т Л К Н
И Р И И Е И И Т О И Н О И Н И
С О У Е Т П И В Ь С О Л В И Е
Н К А Г Н А Ц И И Р Е Е О Г Т
А Е Ы В И Л С У Р Т И Т Й И И
П Р У О И Е Ы Н Ч И Н Б У Л К
Н Т Р М У С К А Т Н Ы Е М Е У
```

ТЕХНИКА	ТРУСЛИВЫЕ
КОРЗИНЫ	НЕТЕРПЕЛИВОЙ
МУСКАТНЫЕ	КНИГИ
НАЦИИ	ПОЦЕЛУЙ
ЛОДКИ	ПИСТОЛЕТ
УЧРЕЖДЕНИЕ	ОПАСНОЕ
ЧАСТО	ВЫСОКОЙ
РЕБЯТА	ДРУГИЕ
КЛУБНИЧНЫЕ	КАЧЕЛЕЙ
РАСШИРИТЬ	ЛЮБЯ

Puzzle 78

```
Р И С О В А Т Ь Б П О С Л Е Л
П О Л Е З Н О Е Е В И А Р О Е
Ч Н У Е С У И Т Й З А Р Т О Н
И А М М У С Р Е С Г О У П П К
О М С М И У Е Л Б Л М Т У А Р
Т О Т Ы И Р С М О Я Л К Р С О
И О Г О В И Н Е Л Д И У Т Н К
Т Е Л Е В И Д Е Н И Я Р К О У
Ц И Р К У Л И Р О В А Т Ь У С
И А Т С А У М И Н О Л С Т Е С
Н М И С Е М Е Д Ь Д С Е А О А
О Т Т С Е У А С Б С Е Н М Д С
Ц М И Т Л Н О А Д О В Е Р Е П
М А Л О Л И Т Р А Ж Н О Е Р И
```

ЧАСЫ	ВЕСЛА
МАТЬ	ВЗГЛЯД
МЕДЬ	СТРУКТУРА
БЕЙСБОЛ	ПОСЛЕ
МАЛОЛИТРАЖНОЕ	ПЕРЕВОДА
УКУС	ПОЛЕЗНОЕ
СУММА	КРОКУС
ЛЕНИВОГО	ТЕЛЕВИДЕНИЯ
РИСОВАТЬ	ОПАСНО
НЕСТИ	ЦИРКУЛИРОВАТЬ

Puzzle 79

```
Б П Н З П И Е С Р М Х Р К Э П
О О А У А О П А Ц В Е Т О К Р
Л К З И В К З Р Е О М Р Л С И
Ь У Ы Н Р Ы Л А Т Д С Е Е П С
Н П В У Е Е Т И Д Л Б С С Е У
О К А И З Л Т Е Н И П У О Д Т
О А Е С К У И П С А М Р И И С
А М Т Т И Т У У Т Н Н С И Ц Т
Е И С О Й А О М О Т Я И О И В
И Н Я Ч Б О Л Е З Н Ь Е Е Я О
Т У С Н П О Т Е Р Я Л А Т Л В
А Е Е И Т Ы Б О С А Б Т Н Н А
Р С И К Ж Е Р Е С Е С Т С С Т
В Ы Х О Д З Е О П Е В И Т Н Ь
```

РЕЗКИЙ	КОЛЕСО
СОБЫТИЕ	ЦВЕТ
СЕРЕЖКИ	БОЛЕЗНЬ
ПОЗАДИ	ПОТЕРЯЛА
ИСТОЧНИК	НАЗЫВАЕТСЯ
ПОКУПКАМИ	ПРИСУТСТВОВАТЬ
РЕСУРС	ЗАКЛИНАНИЕ
СМЕХ	ЭКСПЕДИЦИЯ
ВЫТЕСНЯЕТ	ПОЕЗД
ВЫХОД	БОЛЬНО

Puzzle 80

```
И У Ь Т И Т С У П О Р П Э В С
С З П В Л Л С Л Я Н Б О К З Т
У П Н С О У З И Н В С Б С А Е
М Н С О С Т И Ч А Н З Е П И М
А Г И Е Ш Б Н Н М Е У Н О М Л
С Р Л А О Е А Ы Е Н Е Я Р О Б
Ш У И И С А Н Й И Е У Я Т Д У
Е З Ф И Р М А Н О М И Н А Е Л
Д О И Р У У А У Ы Т С Д Л Й О
Ш В О О И Ц А Р Е Н Е Г С Ч
А И Ч Е Т В Е Р Т Ы Й Р С Т К
Я К Л Е И П Т Е У Е Р С О В И
С О В Р Е М Е Н Н О Е Г Л И Л
М Я И Н А В О Д Е Л С С И Е Е
```

БУЛОЧКИ	ФИРМА
ЭКСПОРТА	СРЕДНЯЯ
ВЗАИМОДЕЙСТВИЕ	СУМАСШЕДШАЯ
ИЗНОШЕННЫЕ	ВНИЗ
ПРОПУСТИТЬ	УЛИЧНЫЙ
ИГРЫ	ОБНЯЛ
ГЕНЕРАЦИИ	ИССЛЕДОВАНИЯ
ЧЕТВЕРТЫЙ	ЗНАЧИТ
СОЛИ	СОВРЕМЕННОЕ
НЕБО	ГРУЗОВИК

Puzzle 81

```
И Т М А У Я О Н Ь Л Е Т А Щ Т
П П У Б И Т Т Е С Л Н У К Т У
Р Р М Б М С Н Ж О Д Е Е И Н Н
И И И Р И А О Л Л А П Р Н И И
Г Н Я Е У У Ш О Я У Р У Т С П
О Е А В И Ч Е Д О Д А М С А Р
В С М И П Е Н У Т А В Е Е М Е
О Т М А С Б И А С Л И А В О Д
Р И О Т Т Ы Я У О И Л Ь Е Л Ы
А Д Е У Б Е М И С Т Ь Т Р Е Д
А У М Р В Ы Д Р Ы Ь Н Я У Т У
У О И А Р Ы Н О К Р О М Б С Щ
О Б У В Ь Б Л А Г О Д А Р Я И
Н Е К Т А Р И И С Ц Р П М Е Й
```

УЧЕБЫ	САМОЛЕТ
НЕПРАВИЛЬНО	ПРИНЕСТИ
НЕКТАР	ДОЛЖЕН
БЛАГОДАРЯ	УДАЛИТЬ
ТЩАТЕЛЬНО	ОБУВЬ
ВЫДРЫ	РЫНОК
ОТНОШЕНИЯ	ПАМЯТЬ
ПРЕДЫДУЩИЙ	МУМИЯ
СОСТОЯЛОСЬ	АББРЕВИАТУРА
ПРИГОВОРА	БУРЕВЕСТНИКА

Puzzle 82

```
Я Н Н М Р Е И П Л О Й Р Х О Ф
Р Г Й Ы Н Т С Е В З И А О М У
М Х Ы З Г Т С П Е Т К Д Р Ь О
Р Ы Н О Т Л Д С Я П И И О Т Т
Е В М К Ф И У Ц А С Д О Ш И Т
Д Р У З Ь Я П Б Ч Н И У О Т У
С Е З С А Т Е К О В А Л П О П
С П Е Е Т Н Е О Б К Е Е Н Л В
А А Б П О П У Г А Я И И А Г О
Г Т М А П У Н И Р Д Ф Й Л О К
М О О Ж И Д А Е Т С Я Т О П Р
С И Р Т М М Е У Л Т И Д Г Р У
А И И А Т П Р И В Ы Ч К А Ц Г
А З А Б О Т И Т Ь С Я У Ф Т О
```

ХОРОШО	РАБОЧАЯ
ГОРА	ПОПУГАЯ
ДИКИЙ	БЕЗУМНЫЙ
ОЖИДАЕТСЯ	ПРИВЫЧКА
ПОПЛАВОК	ПОГЛОТИТЬ
КОЗЫ	ВОКРУГ
ГЛУБОКИЙ	РАДИО
ЗАБОТИТЬСЯ	ДРУЗЬЯ
НАЛОГ	ИЗВЕСТНЫЙ
САМ	ПЕРВЫХ

Puzzle 83

```
Т М У В И З У И Н О Ж Е Т И Т
Н И Ж Н Е Е А С Н Е Н Е Е С О
У В О Л К П Е П Б С Т Р Н И О
Е Е Е И Н А В О Р И Л У Г Е Р
С Л У Ч А Й Н Ы Й О Л Р И Е О
Ю У К С Е Ж У Р П У С Ю С У Б
К А М П А Н И Я В М Ь И Б И А
У Й Е И Н И А Л Н Л Т С Т О З
Н О А Ь Ш К А Ф А А С А П Ь Е
А В Л М С У П В О Д О Х Т О Ф
Д И Р Е К Т О Р А Е Н О Т Л П
Т Р А С С К А З Е Н Ч М Т Т О
К О Н Е Ч Н О О И Е О С Е Р Е
И Н Т Е Р Е С Н О Ц Т И Т М Т
```

ЗАПРОСИТЬ   КАМПАНИЯ
КОНЕЧНО   ЛЮБОЕ
ИВОЙ   ЗАБОР
РЕГУЛИРОВАНИЕ   ВОЛК
СЛУЧАЙНЫЙ   НИЖНЕЕ
СЕМЬ   СУПРУЖЕСКУЮ
НОЖ   РАССКАЗЕ
ИНТЕРЕСНО   ДИРЕКТОРА
ШКАФА   ОТХОДОВ
МЛАДЕНЕЦ   ТОЧНОСТЬ

Puzzle 84

```
Т  О  П  С  И  Е  М  Д  Е  С  О  С  Е  И  Д
Л  И  У  И  Р  И  М  О  Н  А  Р  Н  Н  Р  Ф
Т  Т  И  Н  И  А  И  К  А  Ф  А  Е  Т  Т  О
К  А  Л  Ь  М  А  Р  А  Й  Ы  Н  П  У  Р  К
С  К  Л  У  Е  М  В  З  М  Н  И  О  Ю  О  И
Е  Н  И  Е  Л  А  Е  А  А  А  Ч  Д  И  Г  У
И  О  Г  У  И  Т  С  Т  Х  С  И  Х  В  А  У
А  Г  О  У  Б  Е  Е  Е  Н  О  Р  О  О  Е  О
И  И  Н  О  О  Р  Л  Л  У  Л  П  Д  Н  У  С
Ф  И  Л  Ь  М  И  О  Ь  Т  И  Т  Я  Т  О  Х
С  И  М  Р  Т  И  Г  С  Ь  Т  Н  Щ  Е  Т  И
С  В  И  Н  Ь  Я  О  Т  Л  Ь  А  Е  А  С  Е
Ж  Е  Л  А  Н  И  Е  В  А  У  А  Й  Р  И  С
Н  Ц  С  С  В  А  М  А  Г  О  Р  О  Д  А  Л
```

СВИНЬЯ	ДОКАЗАТЕЛЬСТВА
СОСЕД	КАЛЬМАР
ЖЕЛАНИЕ	ПРИЧИНА
МАТЕРИИ	ФИЛЬМ
НЕПОДХОДЯЩЕЙ	ЛИБО
ВЕС	ЮГУ
ДОРОГА	ХОТЯТ
НАСОЛИТЬ	КРУПНЫЙ
МАХНУТЬ	РАНО
ВЕСЕЛОГО	ГОНКА

Puzzle 85

```
А Ф М М Ф О Р М А Т А М С С Л
П Р О Д Л И Т Ь Т Й Р А О В С
Ю Р И Д И Ч Е С К О Г О Л Е О
Е Л У Г О В О Й М Н Т У Ь Р Б
К З У С Л О В И Я И Р У Н Н С
О Б Д Т Я С П Н Е Л Л Т Ы У Т
Н Л Н И С С Л М Е Д И У Х Т В
Т И Т Р Т С Д И П Л О М Ь Е
А З С Т Е Ь Е А З О Л О Т О Н
К К Р А У М У Б Т Д И Н Р Ф Н
Т О Ф Т Б И У В Я Ь С В Е А Ы
Е М А Л Е Н Ь К А Я И О А А Й
М Н О Б Р Р А З В Л Е К А Т Ь
Т Р Р Е Т Ю Ь П М О К П А П М
```

ЗОЛОТО	ЕЗДИТЬ
ДЛИНОЙ	УСЛОВИЯ
ЮРИДИЧЕСКОГО	ПРОДЛИТЬ
ЛУГОВОЙ	СОБСТВЕННЫЙ
ДИПЛОМ	КОНТАКТ
СВЕРНУТЬ	ФОРМАТА
СЕБЯ	БЛИЗКО
СОЛЬНЫХ	СТАТЬИ
ТРЕБУЕТСЯ	РАЗВЛЕКАТЬ
КОМПЬЮТЕР	МАЛЕНЬКАЯ

Puzzle 86

```
К  С  О  Д  И  Н  О  К  И  Й  У  О  Р  В  К
О  И  Т  Е  Ч  Т  О  Л  У  Н  О  Т  П  И  О
Р  С  Н  И  И  П  Д  Н  А  Д  А  Т  О  А  Г
У  У  У  О  Л  С  Е  Е  С  М  Н  С  Л  Н  Д
У  Т  Т  С  Г  Ь  В  Е  Т  Е  Р  И  К  М  А
П  Р  И  Б  Л  И  Ж  А  Ю  Т  С  Я  А  Л  Н
У  Ж  С  Т  Е  К  Л  А  Л  Т  А  Р  Ф  И  И
Н  Е  Е  Т  М  А  Р  А  Т  Е  Ф  Н  О  К  Б
Л  Л  О  С  Т  Е  Д  И  И  Т  Р  А  В  Ы  У
Н  Е  М  Е  Л  Е  Т  А  Г  И  В  Д  Т  Р  Д
Р  З  И  Я  А  О  Е  А  Н  М  И  С  С  Е  Ь
Х  Ы  Р  Д  У  М  Т  И  Р  О  В  О  Г  И  Ф
О  Т  К  Р  Ы  Т  И  Я  О  К  И  Л  С  М  У
П  Р  И  М  Е  Н  Я  Й  Т  Е  Т  Ф  Е  И  О
```

СТЕКЛА	ОДИНОКИЙ
ГОВОРИТ	ВЕТЕР
КИНО	ПРИБЛИЖАЮТСЯ
САНИ	КОНФЕТА
КОМИТЕТ	ЖЕЛЕЗЫ
КОГДА-НИБУДЬ	ТРАВЫ
ПРИМЕНЯЙТЕ	ПОЛКА
УРОК	СТИЛЬ
ОТКРЫТИЯ	ОТЧЕТ
МУДРЫХ	ДВИГАТЕЛЕМ

Puzzle 87

```
П Б Ь Н С Е В Ф Е И Т Я Б Г С
С Р Р С Е У Н В С Е Е И И О И
В Т Е И Л П П У Е С Т Н И Р Т
Е Е В Д У М А К Ш У Д Е Д Я У
Т Ф Д О С И З Б Е Г А Т Ь Ч А
В В И Т Л К О Ю Р Л У С С И Ц
Ь П П А Т А А С С Р Н А Л Х И
Ц А П Л Е Й Г З Т У Л Р А Р И
К У П И Л А И А А С О Л Н Ц Е
Р Е Ь Т А В О Р И Т И М И Н С
П О З Д Р А В И Т Ь Ь Р О Л Ь
Н Р Т О П Р Е Д Е Л И Т Ь Е И
У В Е Д О М Л Е Н И Я Р О О Л
У Х А Р О С К О Ш Н О Е Д Р А
```

РОЛЬ	ДВЕРЬ
ЦАПЛЕЙ	СТВОЛА
ЮБКУ	СОЛНЦЕ
ГОРЯЧИХ	ДЕДУШКА
ИМИТИРОВАТЬ	УХА
КУПИЛА	ВЕТВЬ
РОСКОШНОЕ	УВЕДОМЛЕНИЯ
ИЗБЕГАТЬ	СИТУАЦИИ
ПРЕДСКАЗАТЬ	ПОЗДРАВИТЬ
ОПРЕДЕЛИТЬ	РАСТЕНИЯ

Puzzle 88

```
К О Т О П Р И К Л Е М С В Л Е
С А З О Р Г У Е Р Л Ф И Т И С
О Н Р Р Е Ф Р Н М С И Т Р А У
Е И Ф Т Т И О Г С С А М О Г О
Д Ч И Е И Н С У А Т С Л И Л Ф
И Ж М Е Л Н Ы Р С Л Е Д З А Р
Н У Е М Л М К У Е М С П М И У
Е М Н И О Н Ч А Л Б О М Е Н М
Н Е М Ь Л Т Н Е Ж Д И С О Н Е
И Б У П Р А В Л Е Н И Я В С И
Я Д Р А Г О Ц Е Н Н Ы Й О Л С
Т И Л У Д Е К В О Р И В Р Е С
Е Р И М И Ь Т И Ж О Т Ч И Н У
С К О Р О С Т Ь Г Е С П Ж Н С
```

ИМЕЕТ	СКОРОСТЬ
РОСЫ	РАЗДЕЛ
ЖИРОВОЕ	МУЖЧИНА
СТЕПЕНИ	МЕЛКИ
КЕНГУРУ	УНИЧТОЖИТЬ
САМОГО	ПОТОК
УГРОЗА	КАРТИНКА
ОБЛАЧНО	ДЖЕНТЛЬМЕН
УПРАВЛЕНИЯ	ДРАГОЦЕННЫЙ
СОЕДИНЕНИЯ	СЕРВИРОВКЕ

Puzzle 89

```
Б  К  Л  А  С  С  Е  Л  Я  О  А  Е  Й  Т  К
Н  Е  А  К  Ш  А  Ч  Е  И  И  У  И  Ы  Н  Р
А  И  Д  И  А  И  С  Т  Н  И  Н  А  Н  И  О
П  Н  О  Н  В  Я  И  Г  Е  Т  А  Р  Т  С  В
Р  А  В  Й  О  Т  С  М  Ж  И  Т  О  С  Е  О
Я  В  О  А  С  С  У  У  О  У  З  К  А  Я  Т
Ж  О  Р  Ч  И  И  Т  С  Л  П  Л  И  Ч  Р  Е
Е  Д  П  Р  Т  С  С  Ь  Д  Т  В  У  С  П  Ч
Н  Е  Ь  П  А  Е  П  Л  Е  Д  О  Н  Е  П  Е
Н  Л  Т  Р  У  Д  Н  О  Р  И  Н  Н  Н  Е  Н
О  С  Ы  О  И  А  Е  М  П  А  О  И  К  У  И
Н  С  Р  Х  О  Д  Ь  Б  Ы  И  Р  Е  И  И  Е
А  А  К  О  С  Т  А  В  Л  Я  Я  Т  У  У  Й
И  Р  С  М  М  Т  Р  В  Е  Ж  Л  И  В  О  О
```

СТРАТЕГИЯ	СОВА
ТОНКИЙ	ПРОВОДА
УЗКАЯ	КЛАССЕ
КРОВОТЕЧЕНИЕ	ВЕЖЛИВО
НАПРЯЖЕННО	ХОДЬБЫ
ЧАШКА	ПРЕДЛОЖЕНИЯ
ЧАЙНИК	РАССЛЕДОВАНИЕ
ЛЕД	ОСТАВЛЯЯ
НЕСЧАСТНЫЙ	ТРУДНО
СКРЫТЬ	БЕДНОСТЬ

Puzzle 90

```
С П В П Р О В Е Р Е Н О С В К
К И О К М И Н У Т Н Ы Х М И Р
О У В Л Л Г Н И А Я Й Я Т Р И
Р Ц Н Д О Ю О Е Л А О В Ф Б В
О Е М Е М С Ч С Л У Н Н Ы Й О
С О К Т Е М Т А Н С Н Е С Ж Й
Т М А Т М С И Ь Я О Е Е В Ю Е
И А К И Н Р Е П О С В М Е Р С
С О Г Л А Ш Е Н И Е Т Н Т И Т
О М М О Т Е Л О М А С М О Е М
Т У З Н А Т Ь И Т У М П И Й У
С О Л Н Е Ч Н Ы Й А У И Е А Е
А С С О Р Т И М Е Н Т Н У У Т
В Ы Я С Н Я Ю Щ А Я Ж И Р А Ф
```

ВЫЯСНЯЮЩАЯ	СОГЛАШЕНИЕ
ПРОВЕРЕНО	СОПЕРНИКА
УЗНАТЬ	СКОРОСТИ
ПОЛОСТЬ	МИНУТНЫХ
ЛУННЫЙ	ЖЮРИ
СВЕТ	СОЛНЕЧНЫЙ
САМОЛЕТОМ	АССОРТИМЕНТ
ЖИРАФ	КРИВОЙ
КАК	ОСНОВНОЙ
ВКЛЮЧАЯ	УМСТВЕННОЙ

Puzzle 91

```
И Т Н Ф Г И Н М Е Т К Т У Р Ц
К О У Е Б А П Р О Т И В Н У Е
О А И Х И Е Л Е И Е Р В П Ч Н
Р М И Т И Н Н О И Т К Ч М Н Н
И Л О О Р П А З П Ф М Е И О О
Ц С Л В А Е Я Н И О Д Р П Г С
У И И А В И Ф М З Н М А Р О Т
Я Е Е Н А И Н Н С Е А Р О О И
Ф О Я И К Т А Л А П А И С О О
Ф Л Ц Е О С Н О В Н У Ю Т К М
М У З Ы К А Л Ь Н Ы Й Н О Р В
И Н О С Т Р А Н Н Ы Й Р Й О С
П Р И К Л Ю Ч Е Н И Й И С В Д
О Г Н Е С Т О Й К О С Т Ь Ь У
```

БЕНЗИНА	ОГНЕСТОЙКОСТЬ
ЗНАНИЕ	ПРОСТОЙ
АВАРИИ	ВЧЕРА
ЦЕННОСТИ	РАСТИ
ПРИКЛЮЧЕНИЙ	МУЗЫКАЛЬНЫЙ
ИНОСТРАННЫЙ	ПРОТИВ
КОРИЦУ	ФЕХТОВАНИЕ
КРИК	ОСНОВНУЮ
РУЧНОГО	ПАЛАТКИ
КРОВЬ	ГАЛОПОМ

Puzzle 92

```
Е Й У З А К К У Р А Т Н О Й Р
О Ы С А К С А Л Л И А Д Д Н К
С Н И В А О О К О Н Е Т У Е Р
Е Б М И Р М Н Б Ь О М У Т Ж А
П О К С Е Л Е Т Е Н И У У Н Т
И Р Е Я Д Я Л Г И Щ О Т П О К
М П Ц Т К У Р И Ц А А К Т Т И
Л А В О З Ь Л О П С И Н М И Й
Е Р О Р А Н Ж Е В О Е А И Л П
Ь Т А В О Д Е Л С Е Р П Р Я У
Е И Р С М Е Х О Т В О Р Н Ы Е
С И К И Т С А Т Н А Ф О С А Р
Г О Р О Х О В О Г О И Е Л С Е
Т Р А Н С П О Р Т Е О У О Е Е
```

ЛАСКА
ГОРОХОВОГО
ФАНТАСТИКИ
СМЕХОТВОРНЫЕ
ПАРТИИ
ПРОБНЫЙ
ТЕЛЕСКОП
КОНЬКА
ОБЕЩАНИЯ
КРАТКИЙ

ГЛЯДЯ
ПРЕСЛЕДОВАТЬ
ИСПОЛЬЗОВАЛ
АККУРАТНОЙ
НЕЖНО
ЗАВИСЯТ
УТЕНОК
КУРИЦА
ТРАНСПОРТ
ОРАНЖЕВОЕ

Puzzle 93

```
Р  С  К  П  П  Д  Р  И  Т  Т  П  М  М  Н  У
О  П  О  Р  И  А  У  О  А  С  П  О  Т  П  А
Д  О  Н  О  Т  Е  О  О  С  Е  Е  Ж  З  О  П
И  К  Ф  И  А  Т  А  Р  Б  У  Р  И  У  Г  М
Т  О  Е  З  Т  Б  У  И  У  А  Е  А  Т  О  Н
Е  Й  Р  В  Е  Т  Л  Б  Т  К  В  О  Е  К  С
Л  Н  Е  О  Л  Е  Е  О  Е  И  А  Б  Р  С  Е
Я  Ы  Н  Д  Ь  П  Е  Р  К  Т  Р  Ъ  М  Е  Р
М  Й  Ц  И  Н  Л  А  Р  С  И  И  Я  И  Ч  А
П  Р  И  Т  Ы  Ы  И  Р  С  Л  В  В  Н  И  Я
Л  Т  И  Ь  Е  Й  Е  М  В  О  А  И  Ы  З  У
Н  А  З  Н  А  Ч  И  Т  Ь  П  Т  Т  У  И  Е
Б  Е  С  П  Л  А  Т  Н  О  Т  Ь  Ь  Н  Ф  Н
Т  М  И  Н  П  О  Д  С  Н  Е  Ж  Н  И  К  И
```

ТЕРМИНЫ	РОС
НАЗНАЧИТЬ	РОДИТЕЛЯМ
СЕРАЯ	СПОКОЙНЫЙ
ТЕПЛЫЙ	НОТА
ПЕРЕВАРИВАТЬ	ПРОИЗВОДИТЬ
ОБЪЯВИТЬ	ПОЛИТИКА
ПОДСНЕЖНИКИ	БЕСПЛАТНО
ФИЗИЧЕСКОГО	ПОЗЖЕ
БРАТА	КОНФЕРЕНЦИИ
БЛОКИ	ПИТАТЕЛЬНЫЕ

Puzzle 94

```
П Т С У М У Я Е Ф П Ф П А Т Я
Е Л И С У Р А П О Е Ф О С Е С
О И Т П А Р Н Г Б Р Р Н А Т Т
Б Г С Е О Н М Л Е Е Т И У О И
Е Н О Ш П О О Я З М Ь Т И Р В
С А В Н Н С Р Н Ь Е Л Е Г К О
П С О Ы Л А Г Ц Я Н О О И Т Н
О Т Н Й У О О Е Н Н В У Н С А
К О А Е М Н П В А А С О Е Е Т
О Я М Р П Е М Ы Д Я О Т У С С
И Щ Л Е О Р М Й М Е П Т А Н О
Т И Ц П Р И Х О Д Я Щ И Е Д У
Ь Й М А В Ы И Г Р А Т Ь Т А О
Г Л А З Л Ю Б И М Ы Й И И И И
```

ОБЕЗЬЯНА	ПЕРЕМЕННАЯ
ГЛАЗ	УСПЕШНЫЙ
ДЫМ	НОСА
ВЫИГРАТЬ	ПАРУС
ЛЮБИМЫЙ	ПОЛНОГО
ЛЕГКО	СТАНОВИТСЯ
НОВОСТИ	БЕСПОКОИТЬ
СТАДО	ГЛЯНЦЕВЫЙ
ВОЛЬТ	ПРИХОДЯЩИЕ
НАСТОЯЩИЙ	ОГРОМНАЯ

Puzzle 95

```
Н  Н  Р  Ц  С  К  О  Т  И  О  М  П  О  Т  Т
Е  А  Р  И  В  О  В  Б  А  И  И  Р  П  Е  Т
П  К  И  Т  Е  Т  П  А  Н  Н  У  О  Н  Н  У
О  Т  О  А  Ч  Н  Б  Т  Д  А  М  Ч  Ф  П  Д
Х  И  И  Н  И  Л  Т  С  К  Р  Р  Ь  Ч  О  Н
О  Л  У  И  Е  В  И  Й  О  Д  А  У  С  П  Л
Ж  У  И  Т  Е  Ц  Т  У  В  Е  И  Т  Ж  Е  У
И  Т  И  С  С  У  Р  Л  Б  В  С  И  В  И  А
Й  Л  У  И  О  О  П  А  О  У  Т  Е  Р  Н  Л
В  Ы  С  О  Т  А  И  Ж  Й  Ш  Р  Е  О  Е  М
К  И  С  Т  Е  Й  С  О  Т  К  У  У  У  Т  С
И  Д  У  О  Е  С  Ь  П  О  И  Д  А  И  Ч  У
У  А  И  О  С  Е  М  Е  Р  Н  А  Б  И  Т  М
Л  С  М  А  И  Д  О  О  Б  И  Л  Ь  Н  Ы  Й
```

ТРУДА	НЕПОХОЖИЙ
ЧТЕНИЕ	ОБИЛЬНЫЙ
КИСТЕЙ	НОЧЬ
ДЕВУШКИ	КВАДРАТ
ВЫСОТА	СВЕЧИ
КОНЕЦ	ИСТИНА
ПОЖАЛУЙСТА	КОВБОЙ
КТО	ПИСЬМО
УЛИТКА	ПРОЧЬ
ОБНАРУЖИЛ	ЛИНИИ

Puzzle 96

Е	П	П	Р	А	Ч	Е	Ч	Н	У	Ю	Т	С	В	Х
С	О	Ж	И	В	О	Т	Н	Ы	Х	Ч	Е	О	Т	О
Т	Л	И	Л	М	Н	Х	Л	С	В	Е	К	П	О	Р
Е	О	П	А	Е	Ь	У	А	О	К	Т	С	Т	Р	Е
С	Ж	Т	З	А	Л	Д	А	У	Л	В	Т	Н	Г	К
Т	И	Е	А	Ц	О	Ш	С	А	Ю	Е	У	Л	А	М
В	Т	Р	К	А	В	И	Р	Т	Ч	Р	Е	О	Т	И
Е	Е	О	С	И	О	Й	П	Н	И	Т	С	М	Ь	У
Н	Л	М	И	И	Р	М	И	Ц	Т	Ь	Е	С	С	Г
Н	Ь	Б	С	И	Б	И	Т	И	Ь	Р	Т	В	Я	Л
О	Н	М	У	Т	О	О	К	Н	О	И	Ь	Б	Т	Ф
Е	О	Г	Л	О	Д	О	Р	Е	Е	Б	Т	Ы	В	О
М	Г	Г	О	В	О	Р	И	Л	С	М	Е	Т	Т	Р
Е	О	Н	Е	Л	О	К	П	П	Д	И	О	Ь	А	И

ОКНО	ЕСТЕСТВЕННОЕ
ГОВОРИЛ	КОЛЕНО
ПОЛОЖИТЕЛЬНОГО	ВТОРГАТЬСЯ
ТЕКСТ	ЖИВОТНЫХ
ХОРЕК	СКАЗАЛИ
ХУДШИЙ	ВКЛЮЧИТЬ
ОТВЕТ	ПРАЧЕЧНУЮ
ЧЕТВЕРТЬ	ДОБРОВОЛЬНО
СЕТЬ	ДОЛГО
БЫТЬ	ИМБИРЬ

Puzzle 97

```
А Р А Н Ж И Р У Е Т П Е Л Л И
П О Л И Т И К И Ф Р О Т К А Ф
О У Е И Н А В О З Ь Л О П С И
Т Е З И С И Д Г М Н О И Г Е Р
В Н А С И Т А О О Р Ж О С Е Л
Д Ы Ф Е М П Р В Л Р Е Т И В С
А П П Р Р И Т О О В Н Е С Е М
Л Р И У М О К З Ч И И Л И Н А
Ь Е У Н С Т Р А Н Д Е М Т Л У
Ш Ж Т Т А К Т Б Ы И Е У О П И
Е Н Н И Л З Н С Й М В М Р Р Н
А Я И Т Н Н А И И Ы У С О Л Я
С Я И И А У О Д К Х У Е А О О
Е Р Е Д А К Т И Р О В А Т Ь И
```

РЕДАКТИРОВАТЬ	НАЗАД
МОЛОЧНЫЙ	ПРЕЖНЯЯ
ОСЕЛ	ДАЛЬШЕ
МОРЯ	ПОЛИТИКИ
ТЕЗИС	ИСПОЛЬЗОВАНИЕ
ВЫПУСКНИК	ВИДИМЫХ
ФАКТОР	ПОЛОЖЕНИЕ
КОМУ	БАЗОВОГО
АРАНЖИРУЕТ	РЕГИОН
ЛЕТ	СВИТЕР

Puzzle 98

```
И А Р Е У С Т У В М И Е Ж О В
С Е В Е Ь Т С И Л Н И П А С Н
М О М Е Н Т К Т У И И С Б К И
С Л А Д К У Ю А С В Р З А О М
Е Ф И Г У Р А Т Т И И И У Р А
П Р И М Е Н Я Т Ь Т Р Р Н Б Т
Н Е З А В И С И М О С Т И И Е
С Т Р А Д А Н И Я Р И У Г Т Л
Ц Р О К О Ц О Е П П О Е Р Ь Ь
Е Ф Е У П Т А Т М А И Ф А Р Н
Е Т Е Ж Ц Т Т Т А Н Н О Ф П О
Д Е С Я Т И Ч Н Ы Х О Р И И Е
Е Е Д П О Ш Е Л И Д И М К И Т
В С П Л Ы В Е Т И С И А И И С
```

ГРАФИК	ПАН
ВНИЗУ	МОМЕНТ
СЛАДКУЮ	НЕЗАВИСИМОСТИ
ПОШЕЛ	СТРАДАНИЯ
ВСПЛЫВЕТ	ЖУКА
ЖАБА	ДЕСЯТИЧНЫХ
ФОРМА	ЛИСТЬЕВ
НАПРОТИВ	ПРИМЕНЯТЬ
УТКА	ОСКОРБИТЬ
ВНИМАТЕЛЬНОЕ	ФИГУРА

Puzzle 99

```
Е  И  У  Н  Н  Т  П  И  Р  Ф  С  И  И  М  П
С  М  О  Т  Р  Е  Л  И  С  И  О  Т  И  О  Р
Г  Л  Г  К  Д  В  А  Л  Р  М  Ь  А  О  А  Е
Е  Й  О  П  А  П  М  Е  Е  О  Л  И  Н  Г  К
О  Н  Н  П  Т  Н  Т  Т  Д  О  О  Н  О  И  Р
Г  М  Н  Л  Р  Р  Д  С  Ы  И  Б  М  А  Т  А
Р  Е  И  А  О  И  Л  О  П  У  Т  Ь  У  И  С
А  Т  Т  Е  П  Е  З  П  Е  И  У  О  С  Л  Н
Ф  Н  С  Т  С  Ц  Е  Р  Е  П  Н  Т  И  Д  О
И  А  И  С  О  Л  О  Я  А  Т  А  Г  О  Б  Р
Я  И  Е  В  Л  И  А  М  У  К  З  У  Л  Б  А
Т  И  Ь  Т  Е  Р  Т  О  М  С  С  А  Р  Т  А
Р  О  И  М  В  П  Е  Р  Е  П  Е  Л  Н  И  А
П  Р  А  В  О  П  Р  Е  Е  М  Н  И  К  А  А
```

ПРАВОПРЕЕМНИКА
БОЛЬ
ПРИЗРАК
ОДНАКО
ДВА
ПОСТЕЛИ
ИСТИННОГО
РАССМОТРЕТЬ
ПРЕКРАСНО
ПУТЬ

ПАПОЙ
БЛУЗКУ
ПЕРЕПЕЛ
ГЕОГРАФИЯ
СРЕДЫ
БОГАТАЯ
ПЕРЕЦ
СМОТРЕЛИ
ГНИЛОЕ
ВЕЛОСПОРТ

Puzzle 100

```
О Ц Й Я Т У Н Л И Р Т П И Л Р
К С О Г Р О М Н Ы Е Н О Е Р С
Е Р У О С Т А Е Т С Я С С З У
П Н У Щ Р Т Р А И А Т В Т У С
Т Е О П Е А Р Б Е З У Я О Б О
А Б У М Н С З О Е Р Б Щ М Ч Ц
Д Р Н Н А Е Т М М Т У А А А И
И Е У Е Н М Й В Е У Д Т Т Т А
Д Ж Ь Н А К Т Ш Л Р Ь О А Л
Н Н Т А Б М И И И Я Т Н Л Я Ь
А О У И Ф Б И Е Н М Ю Р О Е Н
К О Г Д А Т С Т Н А И Т Г У О
М С Т М Т Е Я Р Е В А З С С Г
Р Т Ю А Г А Л О П Д Е Р П Я О
```

НЕБРЕЖНО	РАЗМЕР
ПОСВЯЩАТЬ	СОЦИАЛЬНОГО
ТКАНЬ	ЯЙЦО
ОСУЩЕСТВЛЯЮТСЯ	ЗЕБРА
КРУПНЕЙШИМИ	СТОМАТОЛОГ
ПРЕДПОЛАГАЮТ	КАНДИДАТ
ЗУБЧАТАЯ	ПЕННИ
КОГДА	ЗАВЕРЯЕТ
ОСТАЕТСЯ	ОГРОМНЫЕ
БАНАН	БУДУТ

Puzzle 1

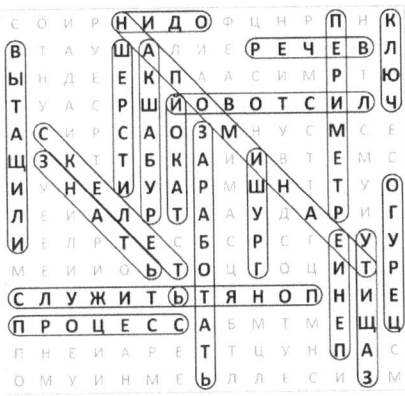

Puzzle 2

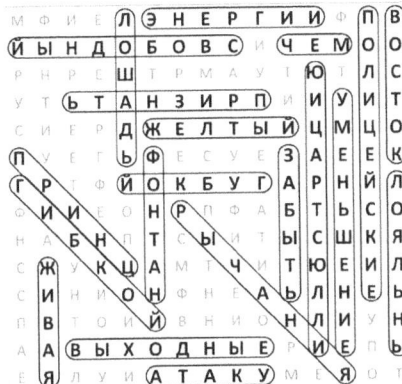

Puzzle 3

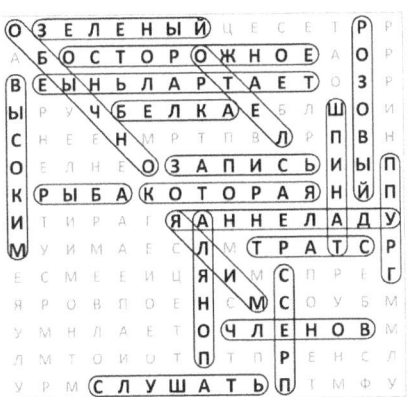

Puzzle 4

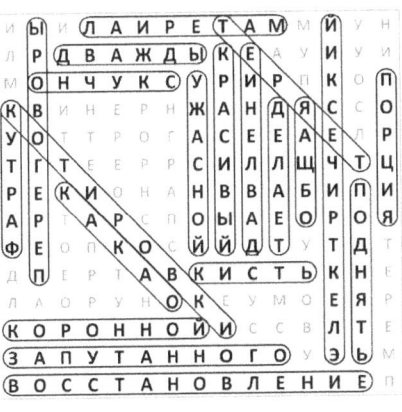

Puzzle 5

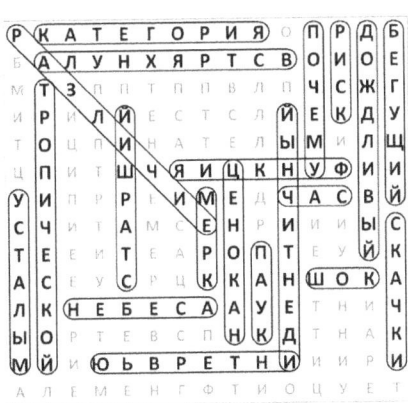

Puzzle 6

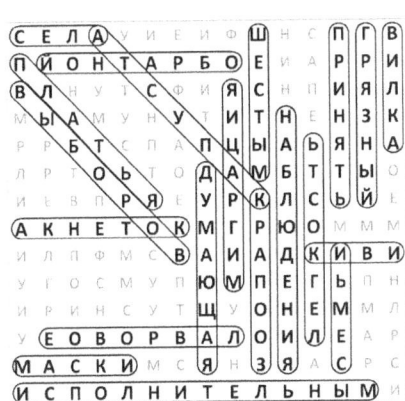

Puzzle 7

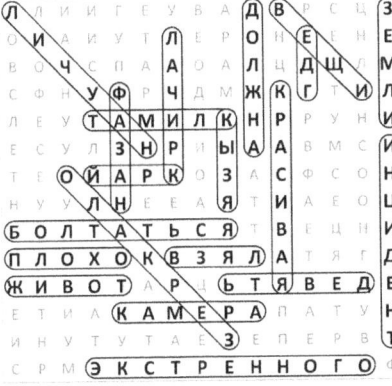

Puzzle 8

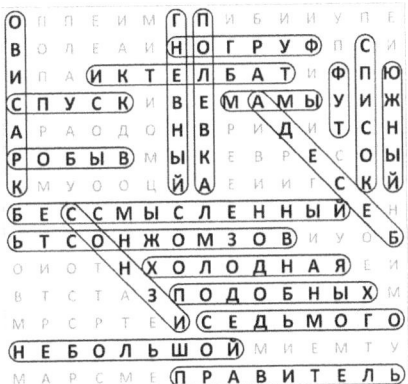

Puzzle 9

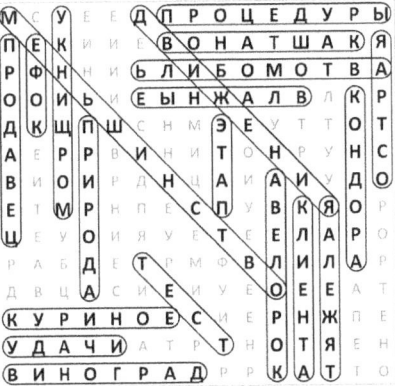

Puzzle 10

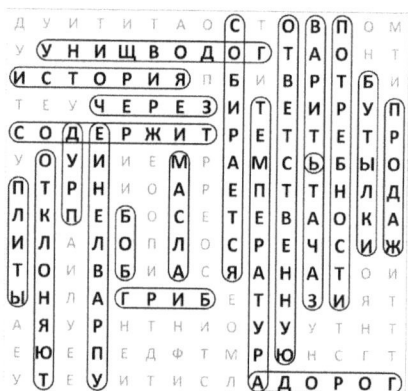

Puzzle 11

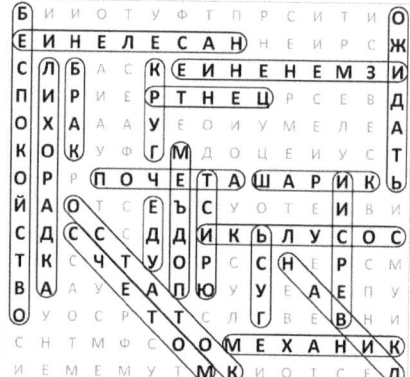

Puzzle 12

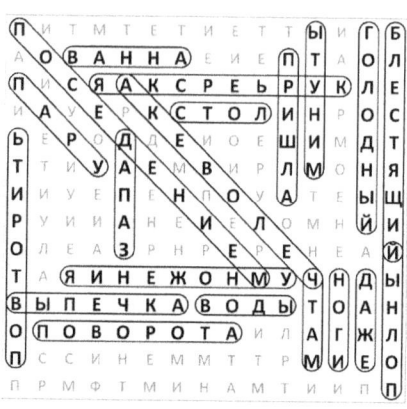

Puzzle 13

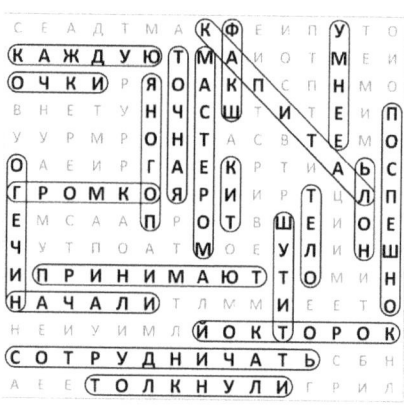

Puzzle 14

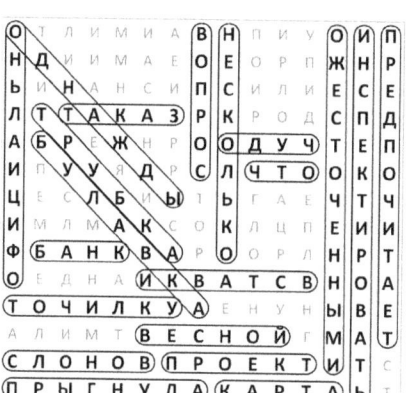

Puzzle 15

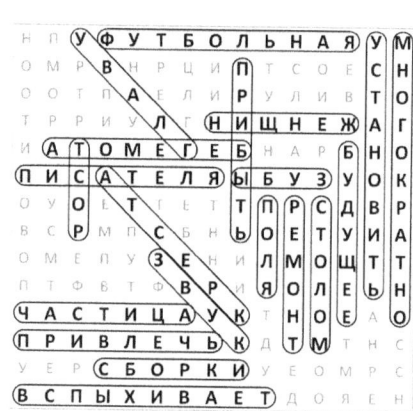

Puzzle 16

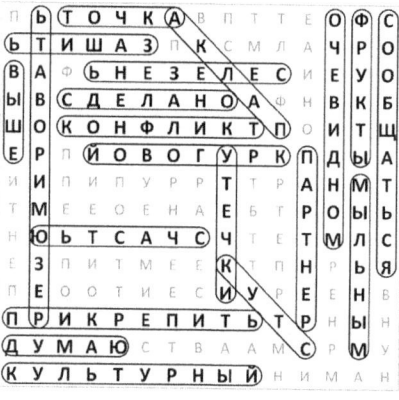

Puzzle 17

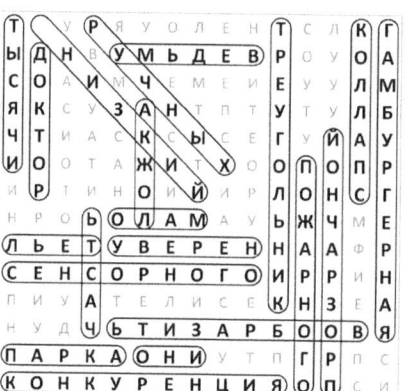

Puzzle 18

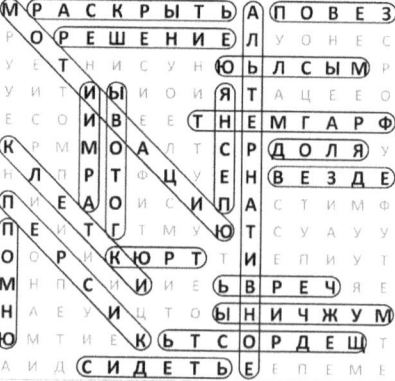

Puzzle 19

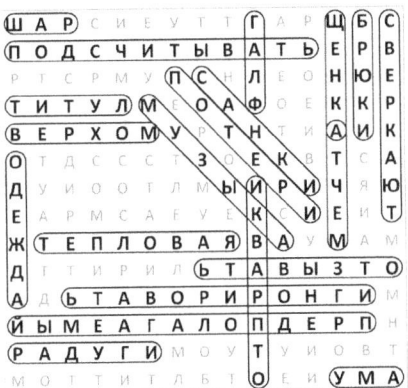

Puzzle 20

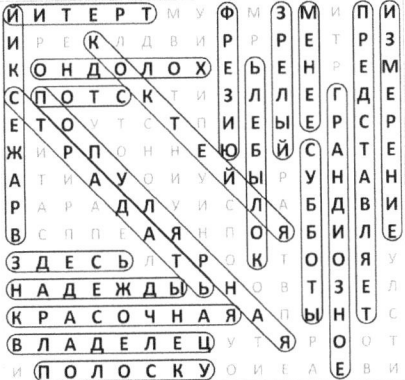

Puzzle 21

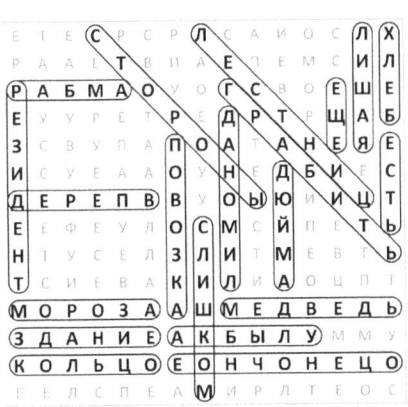

Puzzle 22

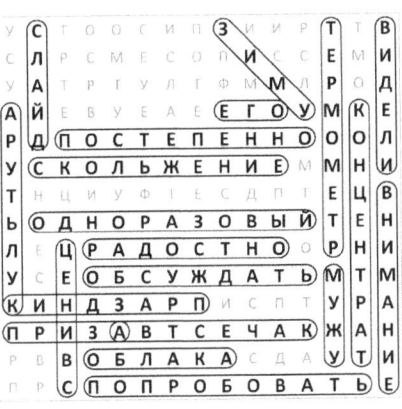

Puzzle 23

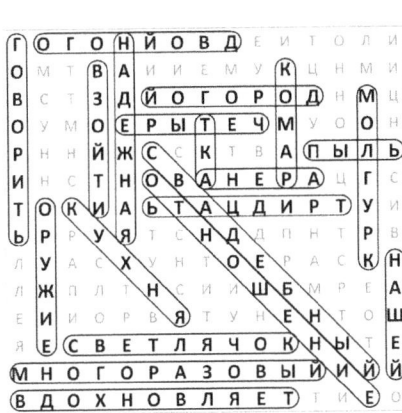

Puzzle 24

Puzzle 25

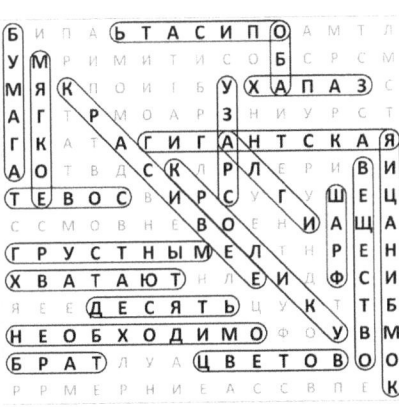

Puzzle 26

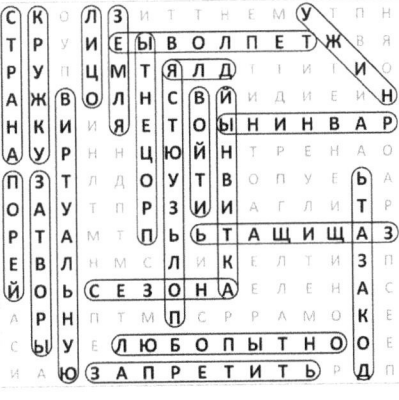

Puzzle 27

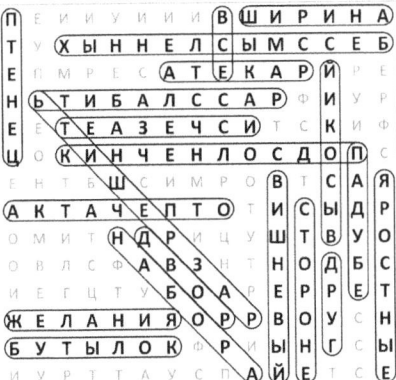

Puzzle 28

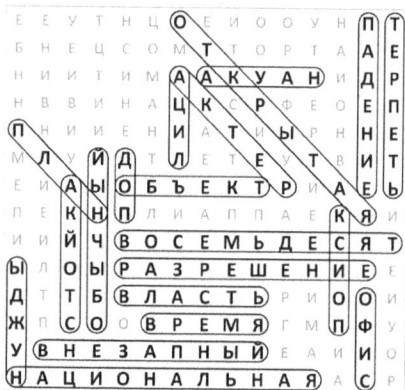

Puzzle 29

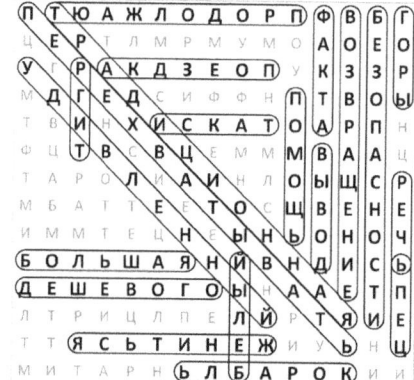

Puzzle 30

Puzzle 31

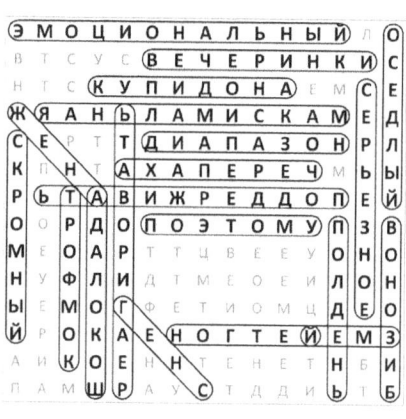

Puzzle 32

Puzzle 33

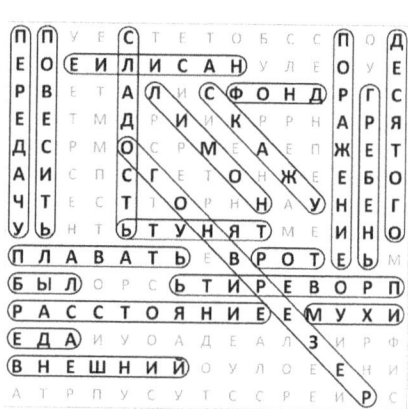

Puzzle 34

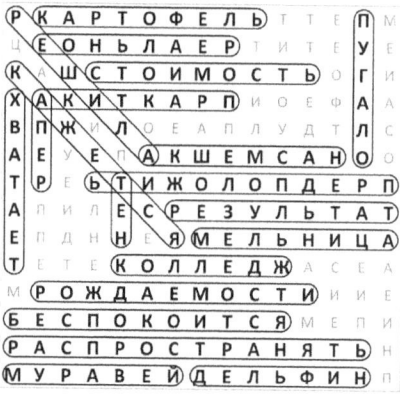

Puzzle 35

Puzzle 36

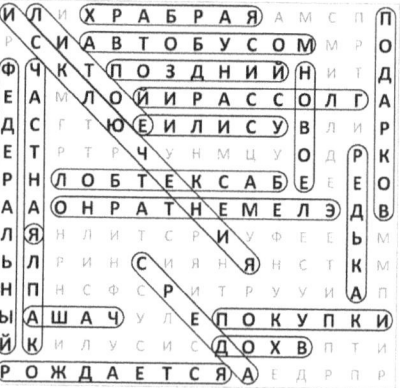

Puzzle 37

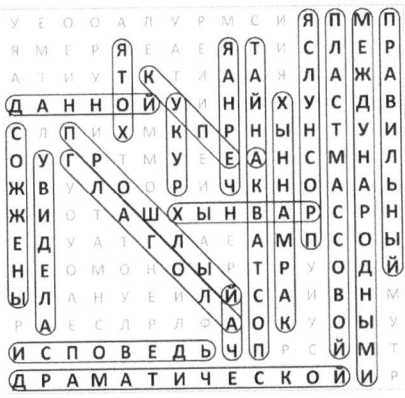

Puzzle 38

Puzzle 39

Puzzle 40

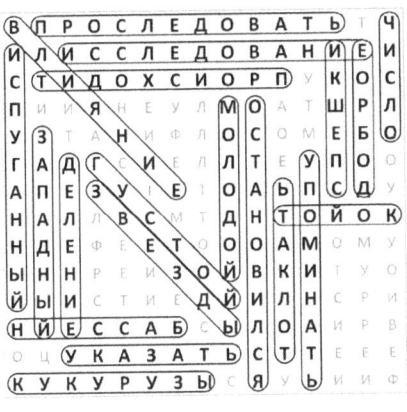

Puzzle 41

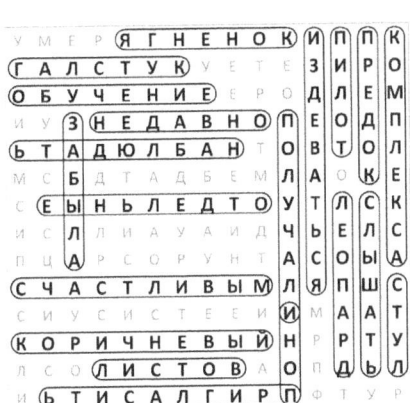

Puzzle 42

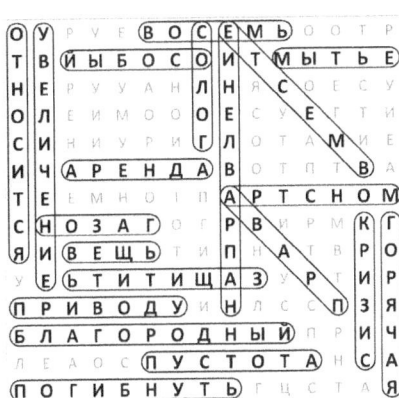

Puzzle 43

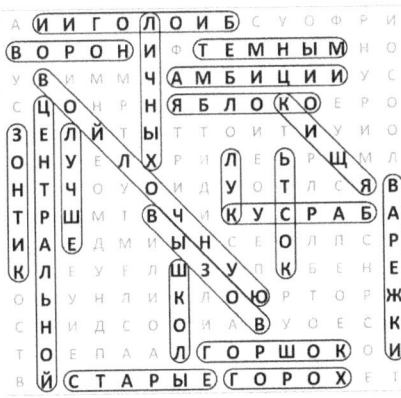

Puzzle 44

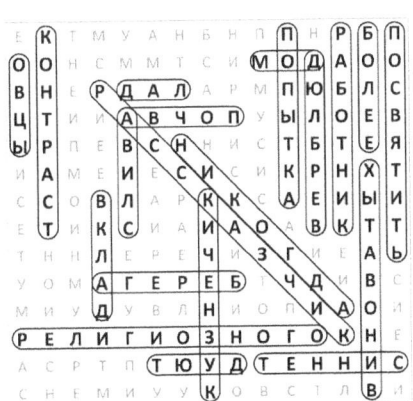

Puzzle 45

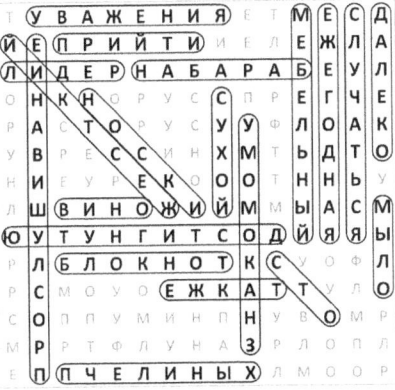

Puzzle 46

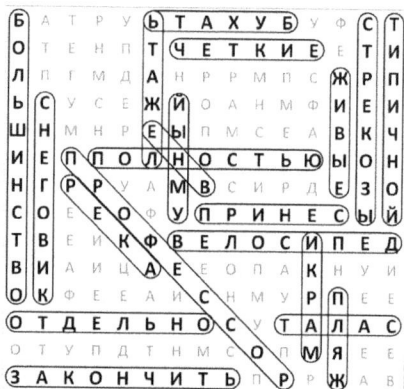

Puzzle 47

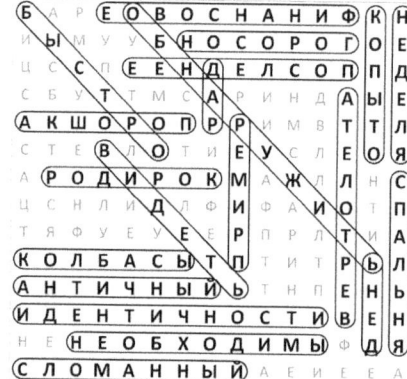

Puzzle 48

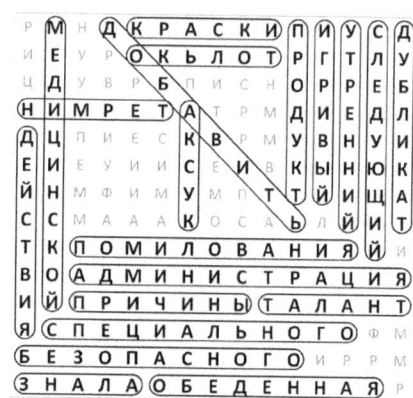

Puzzle 49

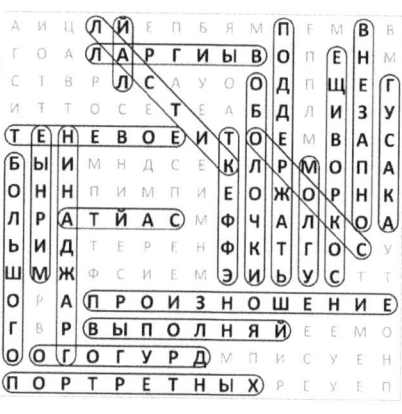

Puzzle 50

Puzzle 51

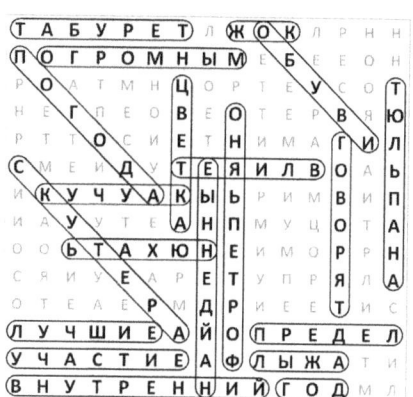

Puzzle 52

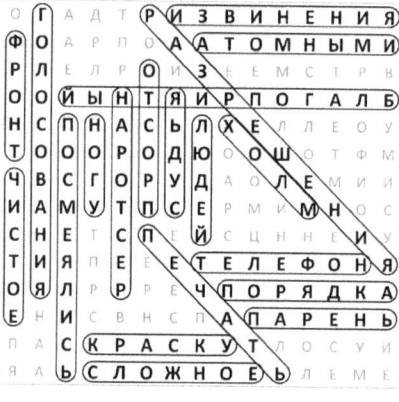

Puzzle 53

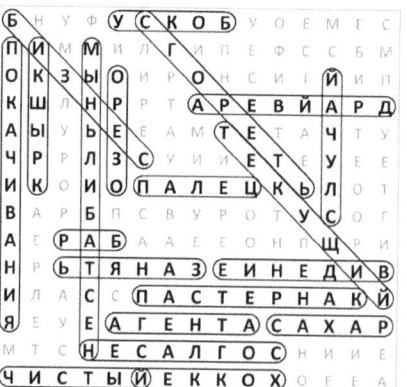

Puzzle 54

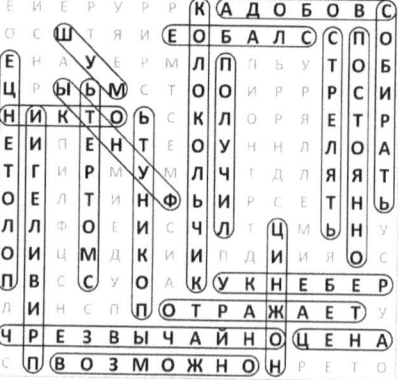

Puzzle 55

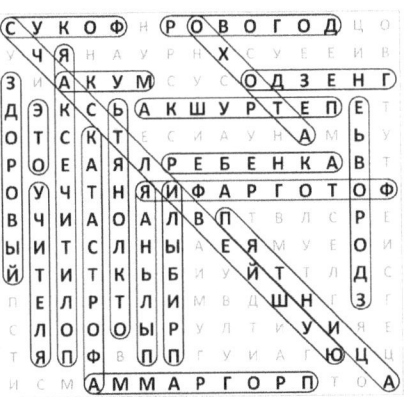

Puzzle 56

Puzzle 57

Puzzle 58

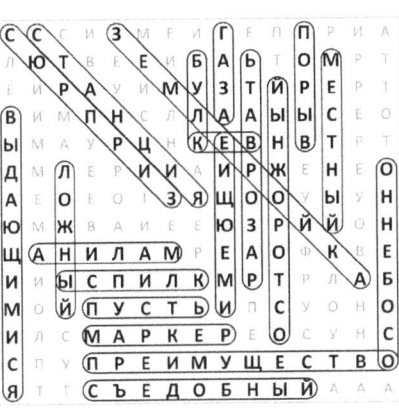

Puzzle 59

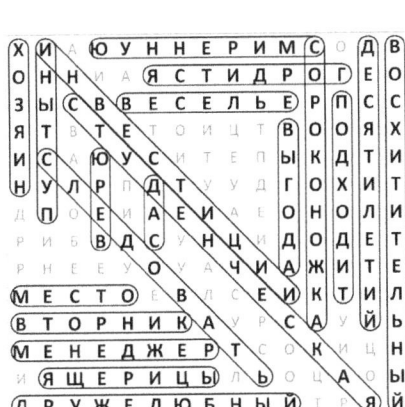

Puzzle 60

Puzzle 61

Puzzle 62

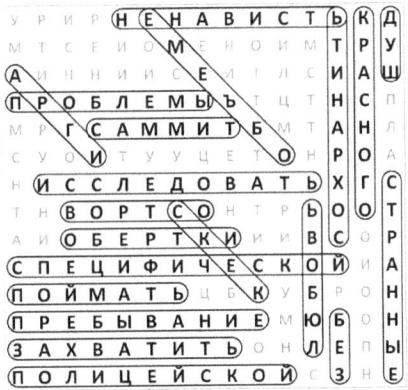

Puzzle 63

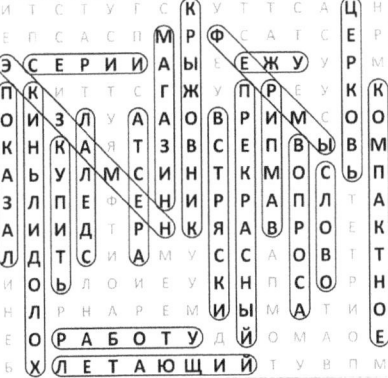

Puzzle 64

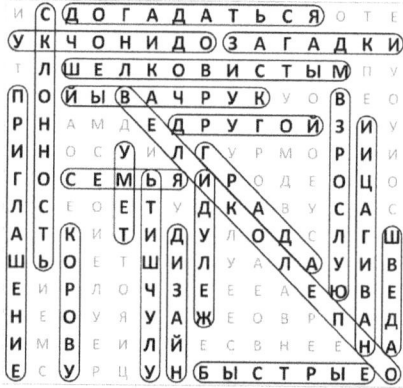

Puzzle 65

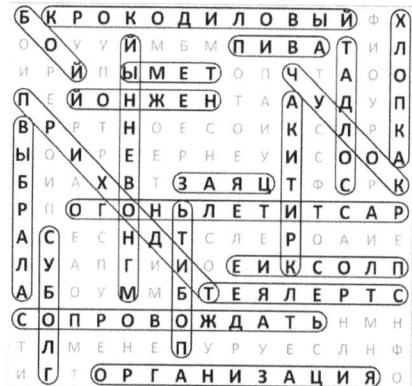

Puzzle 66

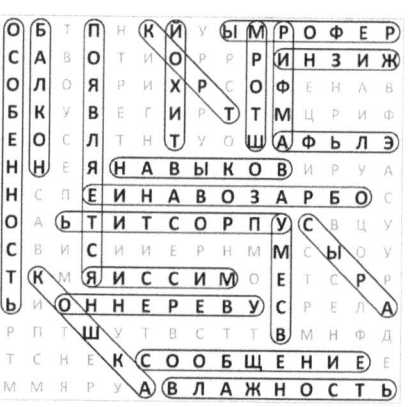

Puzzle 67

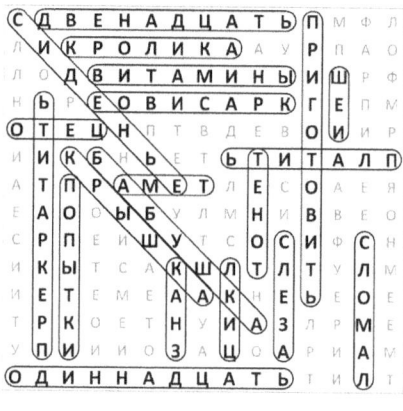

Puzzle 68

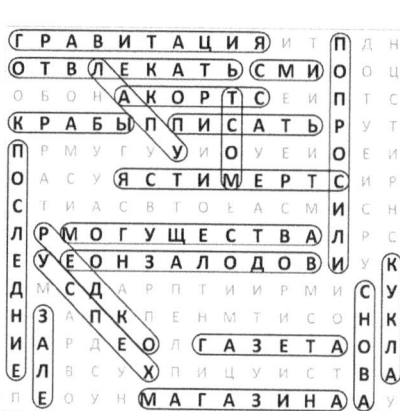

Puzzle 69

Puzzle 70

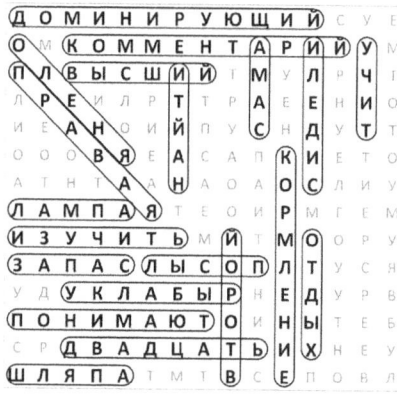

Puzzle 71

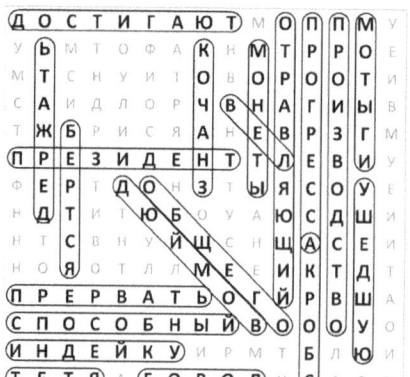

Puzzle 72

Puzzle 73

Puzzle 74

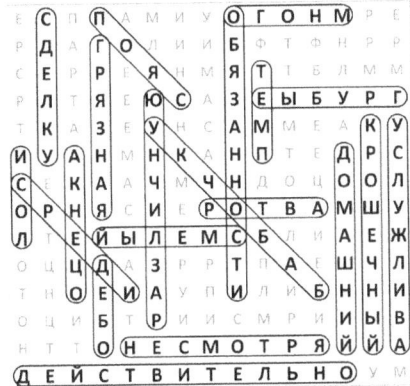

Puzzle 75

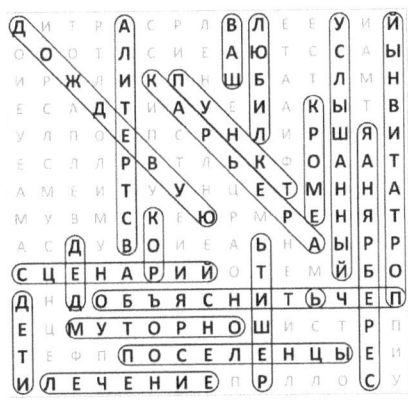

Puzzle 76

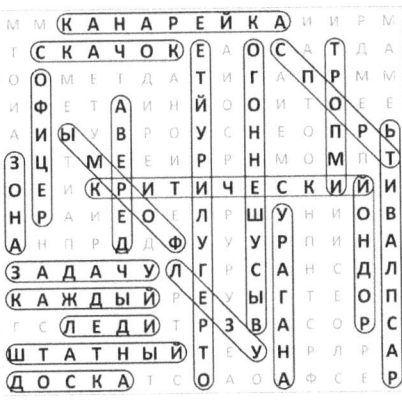

Puzzle 77

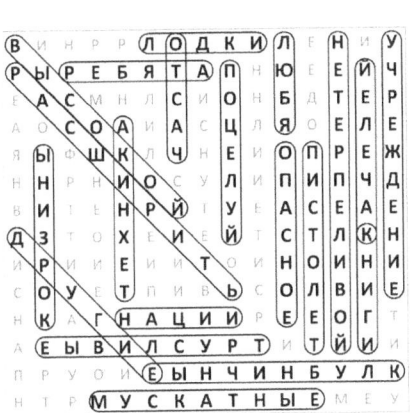

Puzzle 78

Puzzle 79

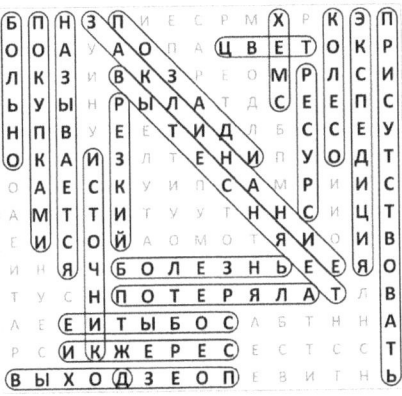

Puzzle 80

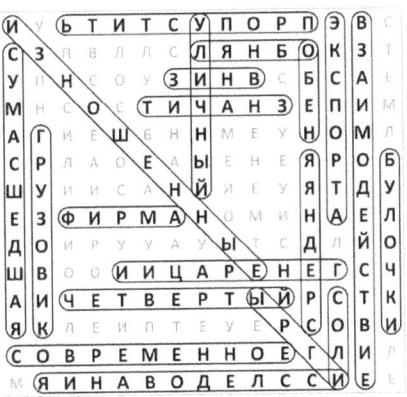

Puzzle 81

Puzzle 82

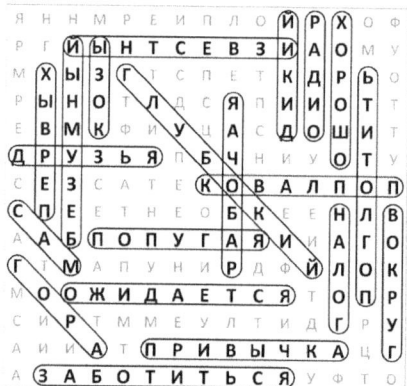

Puzzle 83

Puzzle 84

Puzzle 85

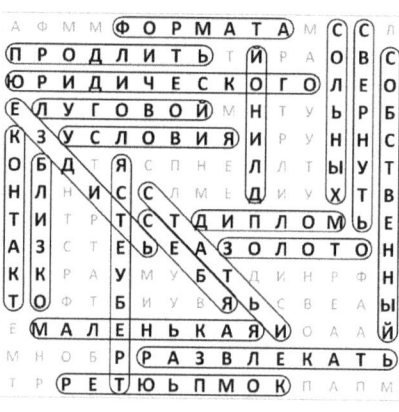

Puzzle 86

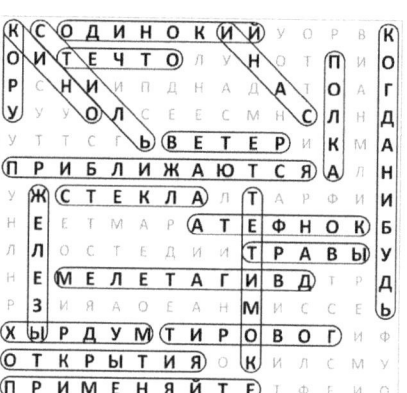

Puzzle 87

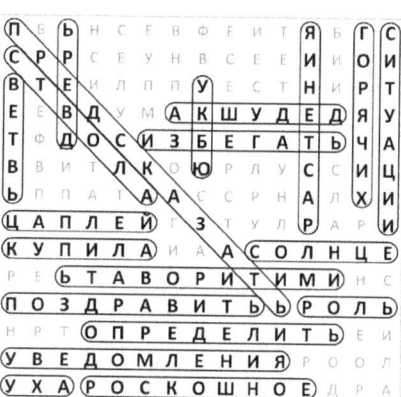

Puzzle 88

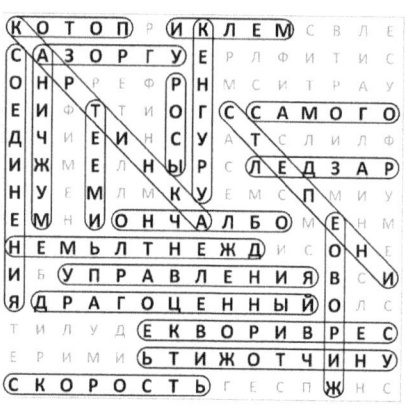

Puzzle 89

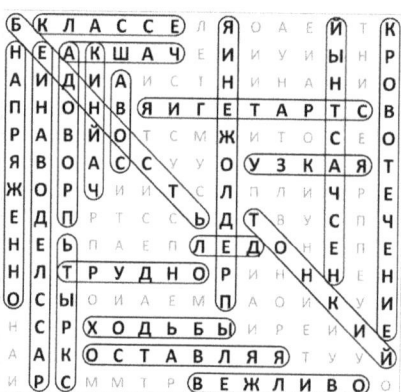

Puzzle 90

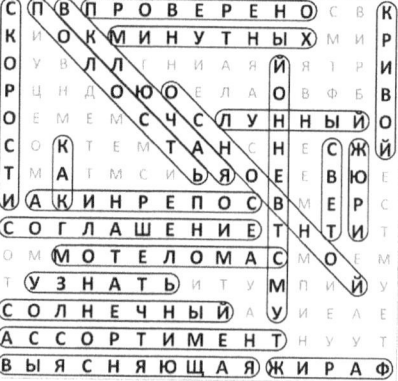

Puzzle 91

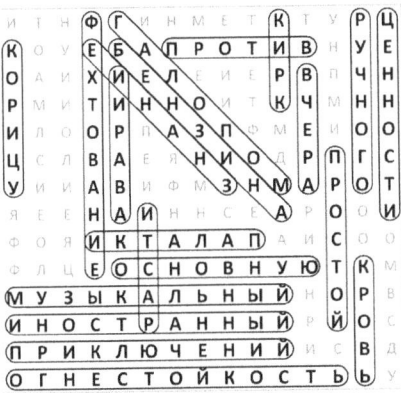

Puzzle 92

Puzzle 93

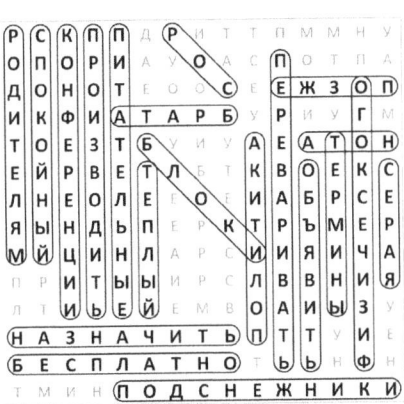

Puzzle 94

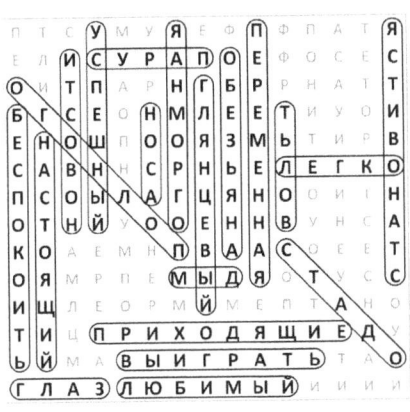

Puzzle 95

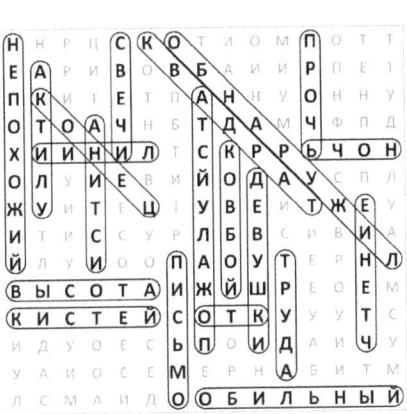

Puzzle 96

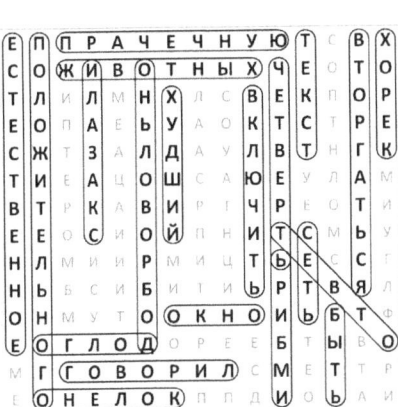

Puzzle 97

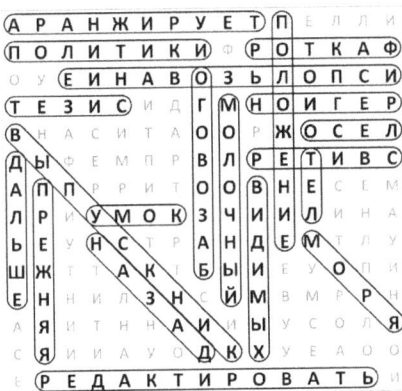

Puzzle 98

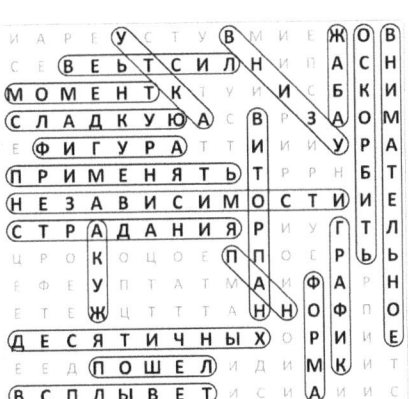

Puzzle 99

Puzzle 100

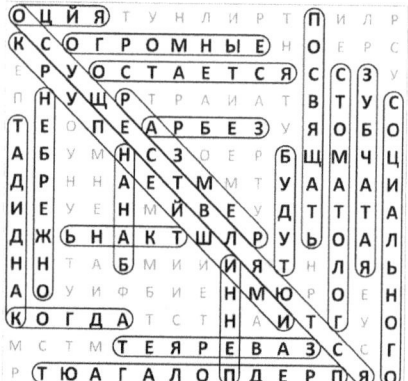

Congratulations

You made it!

We hope you enjoyed this book as much as we enjoyed making it. We do our best to make high quality games.

These puzzles are designed in a clever way to actively spark the brain and make it sharp and quick!
Did you love them?

A Simple Request

Our books exist thanks to the reviews you post on Amazon. Could you help us by leaving a review now?

Here is a short link which will take you to your Amazon orders review page.

BestBooksActivity.com/Review50

MONSTER CHALLENGE!

Challenge #1

Ready for Your Bonus Game? We use them all the time but they are not so easy to find. Here are **Synonyms**!

Note 5 words you discovered in each of the Puzzles noted below (#21, #36, #76) and try to find 2 synonyms for each word.

Note 5 Words from *Puzzle 21*

Words	Synonym 1	Synonym 2

Note 5 Words from *Puzzle 36*

Words	Synonym 1	Synonym 2

Note 5 Words from *Puzzle 76*

Words	Synonym 1	Synonym 2

Challenge #2

Now that you are warmed-up, note 5 words you discovered in each Puzzle noted below (#9, #17, #25) and try to find 2 antonyms for each word.
How many lines can you do in 20 minutes?

Note 5 Words from **Puzzle 9**

Words	Antonym 1	Antonym 2

Note 5 Words from **Puzzle 17**

Words	Antonym 1	Antonym 2

Note 5 Words from **Puzzle 25**

Words	Antonym 1	Antonym 2

Challenge #3

Wonderful, this monster   challenge is nothing to you!

Ready for the last one? Choose your 10 favorite words discovered in any of the Puzzles and note them below.

1.	6.
2.	7.
3.	8.
4.	9.
5.	10.

Now, using these words and within a maximum of six sentences, your challenge is to compose a text about a person, animal or place that you love!

Tip: You can use the last blank page of this book as a draft!

Your Writing:

Explore a Unique Store
Set Up **FOR YOU!**

MEGA DEALS

BestActivityBooks.com/**TheStore**

Designed for **Entertainment**!

Light Up Your Brain With Unique **Gift Ideas**.

Access **Surprising** And **Essential Supplies!**

CHECK OUT OUR MONTHLY SELECTION NOW!

- Expertly Crafted Products -

NOTEBOOK:

SEE YOU SOON!

Delta Classics Team